本书为陕西省社科基金项目“解释性真理理论视域下的
戴维森意义理论研究”（项目编号：2019C004）的阶段性成果

以真释义

戴维森意义理论研究

孙江可 著

中国社会科学出版社

图书在版编目（CIP）数据

以真释义：戴维森意义理论研究/孙江可著．—北京：中国社会科学出版社，2019.10

ISBN 978-7-5203-5112-6

Ⅰ.①以… Ⅱ.①孙… Ⅲ.①戴维森(Davidson,Donald 1917-2003)—哲学思想—研究 Ⅳ.①B712.59

中国版本图书馆CIP数据核字（2019）第202732号

出 版 人 赵剑英
责任编辑 田 文
责任校对 张爱华
责任印制 王 超

出 版 中国社会科学出版社
社 址 北京鼓楼西大街甲158号
邮 编 100720
网 址 http://www.csspw.cn
发 行 部 010-84083685
门 市 部 010-84029450
经 销 新华书店及其他书店

印 刷 北京君升印刷有限公司
装 订 廊坊市广阳区广增装订厂
版 次 2019年10月第1版
印 次 2019年10月第1次印刷

开 本 710×1000 1/16
印 张 12.75
插 页 2
字 数 185千字
定 价 65.00元

序　　言

中国学界对戴维森相当熟悉，迄今为止，以戴维森为主题的专著有十几本，学位论文有几十篇，会议论文和期刊论文更是数不胜数。不仅哲学工作者关心戴维森，在各大学的外语系和中文系，戴维森也备受瞩目。戴维森仙逝时，国内许多著名学者撰文纪念，《世界哲学》杂志以一期专刊悼念，可谓极尽哀荣。

戴维森何以如此重要？直接原因当然是戴维森哲学思想的独特价值。作为20世纪后半叶最重要的哲学家之一，他的工作涉及意义理论、行动哲学、心灵哲学、认识论、本体论、合理性问题等诸多领域，而在每个领域中，他都做出了重要贡献。

中国学界对戴维森的关注集中于他的意义理论。戴维森对意义的探究始于一个简单的设问：假定我们已经得到了一种令人满意的意义理论，这种理论应当符合什么条件？乍一看，这种提问方式未免可笑，就好比一位射雁者在射落一只大雁以前问自己，“如果今晚我以大雁下酒，我应当以何种手法烹制这只雁？”有趣的是，正是这种奇特的提问方式造就了戴维森的成功。关键在于，当我们试图建构一种针对自然语言的意义理论时，我们所面对的是一项空前浩大的工程，一位谨慎的哲学家最好不要幻想这项工程会在自己的有生之年竣工。与前辈相比，戴维森的高明之处在于对自己的能力和工程的难度有准确的评估，他不以实际地建构一种针对某种自然语言——例如英语或汉语的意义理论为标的，而仅仅满足于一个射雁者式的畅想：如果这样一种理论是能够建立的，这种理论应当是什么样的？在戴维森之前，弗雷格、罗素等人之所以失败，就在于高估了自己的能力，低估了问题的难度。

这种提问方式当然不是戴维森的发明。塔尔斯基在着手构建形式化的真理理论时，在出发点问自己，如果这样一种理论获得成功，它应当符合什么条件？正是这个问题引导塔尔斯基走向成功。当然，如果我们愿意，大可以继续向前追溯。戴维森对塔尔斯基有深入研究，并且以塔尔斯基的真理理论为自己的意义理论的基础，我们合理地猜想，戴维森的提问方式直接来自塔尔斯基。

戴维森的问题立刻导致两个结论，即组合性条件和整体论条件。严格地辩护这两个条件是困难的，我们满足于简明而直观的阐释。组合性条件旨在保证理论体系的扩展性。自然语言是开放性的，从有限的词汇和语法规则出发，可以产出无穷多的语句，而一种意义理论只能基于有限多的公理和推演规则，这意味着，一种成功的意义理论必须有扩展能力。直观地说，如果我们凭借某种意义理论得以理解“秦始皇是皇帝”和“武则天是女人”这两个语句，这种意义理论应当具备扩展能力，使得我们可以进一步理解两个新语句：“秦始皇是女人”和“武则天是皇帝”。诀窍在于，戴维森预设自然语言符合组合性，进而凭借组合性保证意义理论以演绎方法扩展。当然，自然语言实际上是否符合组合性，这个问题对于戴维森是不要紧的。

整体论条件旨在避免无穷倒退。假定我们理解了“秦始皇是皇帝”这句话，我们是否需要预设，在理解这个句子之前我们先要理解“秦始皇”和“皇帝”这两个词？这里隐藏着一个陷阱。如果我们要求在理解整个句子之前先理解“秦始皇”和“皇帝”，那么，这两个词是如何连接起来的？亚里士多德会说，一个连接词——“是”把两个词连接起来，但是，“秦始皇”和“是”又是如何连接起来的？无穷倒退已经无法避免。戴维森的解决方案是，意义理论是面向语句的，不是面向语词的。一个语词的意义依附于语句，语句构成了一个整体，它充当了语词的背景，我们不能脱离语句这个整体背景单独地讨论一个语词的意义。也就是说，一个语词的意义是通过包含它的诸语句显示出来的，我们不能单独地解释这个语词的意义。

根据戴维森的设想，一种成功的意义理论应当在两种语言——“对象语言”和“元语言”之间建立桥接，使得对象语言中的一个句子对应于元语言中的一个句子。一旦完成这种“配对”，意义理论就宣告成功，而这种配对以塔尔斯基的“T 型句”为表达形式。于是，戴维森必须回答的问题是，这种配对是如何建立的？他再次应用上述提问方式，问题变成：如果我们针对某种自然语言成功地完成了配对，必须做出何种预设？这个问题方式立刻导致两个结论。其一，我们需要避免“循环解释”，即我们必须假定配对工作不需要借助于对这种语言的既有理解；其二，我们必须假定这种语言是被某些人当作“话”说出来的，而不是杂乱拼凑的音节或字符。第一个结论引申出“彻底解释”，而第二个结论引申出“慈善原则”。

孙江可博士的这部专著对戴维森意义理论的细节有精细而清晰的评述，有兴趣的读者不妨精研正文。在《序言》部分，我们满足于粗线条的议论。基于对戴维森提问方式的考察，我们发现，他的意义理论呈现出“批判哲学”的特征。正如康德从“知识何以可能”的追问出发，通过上溯必要预设而缔造宏大体系，戴维森从“理解自然语言何以可能”的追问出发，通过上溯必要预设而建立意义理论。如果我们愿意把对自然语言的理解视为知识之一种，那么，戴维森的意义理论可以视为康德第一批判的旁支。

康德与戴维森之间的对比使我们陷入疑虑。无论康德的体系如何恢宏，这种体系对于人类知识的实际增长有何种真实帮助？——这个问题令我们踌躇。同样，戴维森反复强调意义理论是一种“经验”理论，而他的“前提批判”式的理论构想是否真实地帮助我们理解自然语言？——这个问题尚无明确答案。近十年间，自然语言处理已经成为备受瞩目的领域，IT 产业巨头纷纷投入海量资源，取得了一些成就，个人用户已经可以在廉价智能手机上与机器进行简单的自然语言交互。在这种背景下，我们如果想印证戴维森的意义理论，最好的办法恐怕不是在哲学文献的海洋中寻找赞成和反对，而是在戴维森的预设与实际的科技进展之间进行比照。

孙江可博士自本科到博士都是我的学生，2016 年以论文《戴维森意义理论研究》获得学位。经过两年的修订和扩展，终于以专著的形式面世。书中有些枝节之处尚嫌粗糙，也有一些精妙议论令人赞叹。希望同行喜欢这本书。

治学如长跑，需要长期凝神于单调的目标；又如升级打怪的游戏，需要依次冲击一道一道的关卡。这本书是江可升级旅程中的标记，祝愿他学运顺利。

是为序。

李大强

2018 年末

目　录

导　言

意义问题一直是哲学研究的核心问题，特别是分析哲学中，分析语句意义是分析哲学的主要内容。探讨意义理论，唐纳德·戴维森（Donald Davison，1917—2003）是不可回避的关键人物之一，其是“20世纪下半叶在分析传统的工作中最具有影响的哲学家之一”①，他在意义理论、行动哲学、心灵哲学、认识论、本体论以及合理性问题等领域做出创造性的贡献。戴维森的意义理论涉及真理、意义、信念、行动、形而上学、认知等内容，而其核心内容则是使用真理理论为自然语言构建合适的意义理论，即戴维森纲领。

1967年，戴维森发表《真理与意义》，在这篇著名的论文中，戴维森使用塔尔斯基的真理语义学为自然语言建立意义理论，这就是著名的戴维森纲领。此后，戴维森发表一系列文章，详细阐述基于真理理论的意义理论：1969年，戴维森发表《True to the Facts》，详细论证了“真理”这个概念，他认为“真理”这个概念把句子和对应的事实联系起来，具体来说就是真理同句子本身、说话者和说话时间都相关；1970年，戴维森发表《自然语言语义学》，论证了自然语言形式化的可行性，戴维森认为可以为自然语言建立类似于形式语言的形式化的语义学；1973年，戴维森在《为约定T辩护》中说明使用塔尔斯基的T模型描述自然语言语义学的优点，捍卫了塔尔斯基真理语

① ［美］柯克·路德维希主编：《唐纳德·戴维森》，郭世平译，复旦大学出版社2011年版，第1页。

义学对其意义理论的重要作用；在1973年的《彻底解释》和1974年的《信念和意义的基础》中，戴维森详述彻底解释方案，通过把意义和解释联系起来，修正了意义理论。1989年，戴维森在哥伦比亚大学就“真理概念”这一主题发表三次演讲，演讲内容汇集而成的论文《真理概念的结构与内容》（1990年）认为塔尔斯基的真理定义合法表达了语言的真理，“真理”概念是意义讨论图式中不可缺少的部分。

国外对戴维森意义理论的研究开始于20世纪60年代末，戴维森纲领发表之后引发学术界的热烈讨论，既有赞同也有反对。反对的声音最早来自于20世纪60年代末，主要意见是认为戴维森没有充分证明一个意义理论如何根据真理理论建立起来。例如，福多（Jerry Alan Fodor）等人认为戴维森只把语言的外在的真值条件和意义联系起来，只是涉及了语句的外延，没有涉及语句内涵，而这将无助于解决语句的意义问题；福斯特（J. A. Foster）1976年发表论文《意义和真理理论》认为戴维森把意义和真理联系起来并不恰当，他对戴维森用语言的真理特性解决意义问题没有信心。作为对批评的回应，戴维森调整和改进其意义理论，特别是后期用彻底解释的经验证实给真理理论增加约束条件，完善其意义理论。

20世纪80年代之后，西方学界更多地肯定戴维森纲领的卓越贡献，对戴维森的研究工作也越来越多，1984年召开有关戴维森哲学的国际性讨论会，出版了论文选集《论行动和事件：论戴维森哲学》《真理和解释：论戴维森哲学》。90年代之后，以柯克·路德维希为代表的一批学者认同戴维森用真值条件解释意义的工作，在戴维森的基础上完善真理语义学，将戴维森纲领更进一步。

国内对戴维森的研究起步很早，20世纪80年代出版的语言哲学著作中，已经专门介绍戴维森意义理论，例如车铭洲先生主编的《现代西方语言哲学》就把戴维森意义立论列为单独的一章，基础性地介绍了戴维森的意义理论。90年代国内讨论戴维森意义理论代表性的文章主要有如下两篇：江怡1995年发表《一种无根的实在论——兼评戴维森的绝对真理理论》，文章着重论述了依赖真理理论的意义理论所面临的困境，说明戴维森用塔尔斯基真理理论为自然语言建立意义理论时没有处理好二者的兼容问题；张志林 1996 年发表《意义的分析：实在论与反实在论的争论》，主要讨论了戴维森和达米特的意义理论纷争。21 世纪之后，国内对戴维森哲学的研究逐渐多了起来，有关戴维森的研究著作主要有张妮妮的《意义、解释和真》、王静的《戴维森纲领与知识论重建》、陈常燊《理解的准则——戴维森合理性理论研究》、叶闯《理解的条件——戴维森的解释理论》等。研究专著从多个角度研究戴维森哲学，针对戴维森意义理论的研究专著多侧重于从彻底解释的视角研究解读戴维森意义理论，较少从真理语义学的维度研究戴维森意义理论。

本书将在前人研究的基础上，从真理语义学的维度研究戴维森意义理论；重点关注戴维森为了给自然语言建立合适的意义理论而给真理理论增加的约束条件，研究戴维森通过彻底解释的经验证实给真理理论增加约束条件，在研究说明彻底解释不确定性的基础上通过完善真理语义学建立适合自然语言的组合性意义理论，在此基础上尝试说明戴维森纲领的内在缺陷。

本书主要分为五个部分，第一部分主要梳理和评述哲学史上不同时期的意义理论，澄清戴维森意义理论的哲学史渊源，这部分内容主要在第一章讨论；第二部分主要论述戴维森如何基于塔尔斯基的真理理论为自然语言构建合适的意义理论，这部分内容将在第二章、第三章分别论述；第三部分内容主要说明戴维森给真理理论附加的经验证实约束条件，并论述说明彻底解释中存在的解释不确定性的问题，第四章和第五章将论述这部分内容；第四部分主要从真理语义学的维度论述如何构建无须彻底解释经验证实约束条件的组合性意义理论，这第六章将论述这部分内容；最后一部分主要总结和评述戴维森意义理论，这部分内容将在第七章具体展开。

具体说来，本书第一章梳理了哲学史上几种有代表性的意义理论：意义指称理论、意义观念论、意义使用理论和行为主义意义理论。戴维森批评地继承了意义指称理论和意义观念论，特别是继承了用语句真值条件解释语句意义这种思路；合理吸收了语言使用理论和行为主义意义理论的合理之处，特别是吸收了用外在的言语行为解释语句意义这种方式。

第二章将重点分析戴维森意义理论的核心内容：戴维森纲领。首先，戴维森论认为合适的意义理论必须是组合性意义理论，通过分别论述初始词汇和组合性意义理论应该表现的内容说明合适的意义理论需要表达的内容。其次，通过梳理现存意义理论的困境，说明用塔尔斯基约定（T）解释语句意义的重要意义。最后，通过考察塔尔斯基真理理论，详细说明真理理论如何系统地确定客体语句真值条件，进而用语句真值条件解释语句的意义。塔尔斯基真理理论并不是意义理论，我们可以用真理理论给出语句的真值条件来解释语句意义，本书将会详细论述用真理理论解释客体语句意义的可行性。戴维森的目标是为自然语言建立合适的意义理论，所以给自然语言建立类似真理理论，需要修改塔尔斯基的真理理论。戴维森通过分析为自然语言建立形式化语义学的可能性，说明如何调整塔尔斯基真理理论以便为自然语言建立意义理论。塔尔斯基真理理论并不适用于语义封闭的自然语言，需要改造塔尔斯基真理理论以便为自然语言建立意义理论。戴维森把塔尔斯基一元谓词“真的”改造成一个与语句、说话者和说话时间有关的三元谓词“Ts，u，t”，此时我们不说某个语句为真，而是说说话者 u 在时间 t 说出语句 s 为真。戴维森以自然语言真理理论为基础解释语境敏感语句的意义，建立自然语言意义理论。

第三章主要从三种不同的真理理论考察塔尔斯基真理理论。戴维森早期把塔尔斯基真理理论视为一种精致的真理符合理论，他要求通过在现实中检验语句的真值条件是否存在经验地检验意义理论。戴维森后来反对把塔尔斯基真理理论视为真理符合理论，放弃对塔尔斯基真理理论用符合事实的方式验证语句真值条件。塔尔斯基真理理论没有说明一般性真理概念，真理冗余论者认为塔尔斯基真理理论属于真理冗余理论，真理融贯论者试图用认识性真理概念修正塔尔斯基真理理论。戴维森反对把塔尔斯基真理理论视为真理冗余论，虽然塔尔斯基真理理论没有说明一般性真理概念，但需要增加的内容不是认识性真理概念，而应该把真理理论同语言使用者的言语行为联系起来，增加同语言使用者的联系。

第四章将论述戴维森给塔尔斯基真理理论增加的约束条件。塔尔斯基真理理论并不是意义理论，需要给它增加约束条件才能解释语句意义。早期戴维森认为外延充分的真理理论足以解释语句意义，但是外延充分的真理理论并不一定总是解释性真理理论，存在着非解释性的S语句，同时很多学者质疑戴维森使用外延性真理概念说明内涵概念是否恰当，外延问题是戴维森意义理论招致批评的一个重要方面。同时，用塔尔斯基真理理论解释语句意义存在循环论证的嫌疑。塔尔斯基的真理概念隐含地使用了“同义”概念，这个概念预设了语句的意义。用塔尔斯基的真理理论解释语句意义，就等于使用语句意义解释语句意义，这是典型的循环论证。面对困难，戴维森使用彻底解释的经验证实作为真理理论的额外约束条件，用经验证实的真理理论来解释客体语句的意义。

彻底解释是戴维森意义理论的核心概念，解释语句意义涉及彻底解释。彻底解释假定我们完全不了解被解释语言，这就避免预设被解释语言的意义，克服早期意义理论循环论证的问题。同时，彻底解释方案中，可通过观察外在的言语行为确定被解释语句的真值条件，以此来解释被解释语句，解决了外延性真理理论解释力不足的问题。为保证彻底解释顺利进行，我们需要假定被解释的说话者认为是真的语句大多是真的以及说话者的信念是合理的，这就是彻底解释的两个原则：信以为真的态度和宽容原则。

彻底解释最大的问题是解释的不确定性。从同样的经验行为证据出发可以得到不等同的解释理论，同一个客体语言语句可以有不同的意义解释，而我们无法确定哪个解释是正确的，这也提出了彻底解释可行性的问题。

第五章主要论述如何仅仅使用外延充分的真理理论构建组合性意

义理论，而无须求助于彻底解释的经验证实这个约束条件。既然彻底解释的可行性问题是值得质疑的，所以我们尝试从真理语义学的维度构建解释性真理理论，进而构建合适的组合性意义理论。具体做法就是在外延充分的塔尔斯基真理理论的基础上增加真理理论的规范证明，规范证明形式上使用元语言语句解释客体语言语句，真理理论加上规范证明就是组合性意义理论要求的全部内容。

第六章将从哲学史的宏观角度论述戴维森意义理论的影响以及意义理论存在的问题。戴维森意义理论不是传统从指称的角度论述语句意义，也不是取消日常的意义概念，而是用表述一种满足组合意义理论要求的递归的真理理论来说明日常意义概念。戴维森意义理论通过给出对象语言语句的真值条件解释对象语言语句，但是潜在超证实语句是无法说明真值条件的，戴维森意义理论不能有效解释这种语句的意义。同时，自然语言是动态发展的，不断发展的自然语言的范围模糊不定。特别是近些年网络上不断涌现的网络语言，这样的语言是不是自然语言，有多少可被视为自然语言，这是说不清楚的。如何处理自然语言的范围的模糊性是戴维森意义理论没有注意到的一个问题。

第一章　不同的意义理论

语言的意义问题一直是哲学研究的重要问题，特别是在 20 世纪哲学研究的语言学转向之后，分析语言的意义成为哲学研究的主要方法，哲学史上，特别是 20 世纪分析哲学发展中，出现了众多不同的意义理论，本书将首先考察和评述哲学史上具有代表性的意义理论，理清戴维森意义理论的思想渊源。

第一节　意义指称理论

意义指称论是意义理论中历史最为悠久的理论，也是最符合常识思维的一种意义理论。一般来看，指称论认为我们使用语言表述世界，语言中的名称表述世界中的具体事物，名称构成的语句表述具体事物构成的世界状况，语句的意义就是语句表述的东西，人们理解了语言就理解了世界。

一　密尔：内涵与外延理论

意义指称理论最早起源于密尔（J. S. Mill, 1806—1873）的内涵与外延理论。密尔认为名称是事物的名称，只能代表事物，例如“特朗普”代表现任美国总统，“北京”代表北京这个城市。密尔认为名称分为专名和通名。专名是指称个体事物的单称名词，“专名是没有内涵的，它指称被它所称谓的个体，但不表示或蕴含属于该个体的任何属性”[①]。专名指称个体，但并没有包含属于个体的属性，它不具有内涵。例如，我们命名一个个体事物，命名之后所形成的名称仅仅是对象事物的一个标记，没有赋予这个名字别的含义。例如，“汉口”这个名称指的是坐落在汉江口岸的一座城市，但这个名称的意义不包括它坐落在汉江口岸。可能在命名这个城市的时候，我们考虑到它的地理位置用了这个名称，但是命名之后，专名便不再受这些因素影响，即使有一天汉江改道，这个城市不在汉江边上，它依然会被称为“汉口”。专名是没有意义的标记，虽然专名完全没有意义，但它一定有指称，存在着它所指的对象。

通名是全称名词，通名既有内涵也有指称，内涵确定了指称，而指称不能确定内涵。例如通过“人”这个通名的内涵可以确定这个名称指称的对象，但是从具体的个人出发我们无法确定“人”的内涵，这是因为同一个事物可以从不同方面加以描述，尽管指称同一个事物，但不同的描述方式下内涵是不同的。

密尔对外延和内涵的区分尽管粗糙但影响很大，其专名的命名方式决定专名指称的看法对后来的克里普克影响很大；通名的内涵决定其外延的看法直接影响了弗雷格的指称理论。

二　弗雷格：涵义与指称

20 世纪语言哲学的意义理论，始自弗雷格 1892 年发表的著名论文《论涵义和所指》。弗雷格继承了密尔的看法，他认为：“指号，它的涵义和它的指称之间的正常联系是这样的：与某个指号对应的是特定的涵义，与特定的涵义相对应的是特定的指称，而与一个特定的指称（对象）对应的可能不是只有一个指号。”[②] 例如在“启明星等于长庚星”的例子中，名称“启明星”和“长庚星”所指称的对象是同一

① 陈道德：《二十世纪意义理论的发展与语言逻辑的兴起》，中国社会科学出版社 2007 年版，第 14 页。

② ［德］弗雷格：《论涵义和所指》，马蒂尼奇主编：《语言哲学》，牟博、杨音莱、韩林合等译，商务印书馆 1998 年版，第 377 页。

的，都指向同一个星体——金星，但是“启明星”和“长庚星”的涵义是不同的。例如“a = a”和“a = b”这两个命题，弗雷格认为这两个命题“是具有明显不同的认识意义的句子——‘a = a’是先验有效的，并且在康德看来可以称分析的，而‘a = b’形式的句子往往包含了对我们的知识极有价值的扩展，而且这类句子并不总能先验地加以验证”①。“a = b”不同于空洞的“a = a”，因为 a 和 b 虽然涵义不同，但 a = b 是因为“a”和“b”指称同一个对象，具有相同的指称。

与密尔的看法类似，弗雷格认为涵义是确定一个表达式指称的恰当方式，是我们为了理解一个表达式所必须知道的东西。弗雷格没有精确解释什么是涵义，也没有建立系统的意义理论，只是用一个含混的比喻说明如何从名称的涵义确定名称的指称：“下面这个比喻也许有助于说明它们间的相互关系：有一个人用望远镜观察月亮，我们把月亮本身比作所指的对象（指称），它是通过它投射到望远镜内物镜上的真实影像和观察者视网膜上的影像而成为观察的对象的。我们把望远镜内物镜上的影像比作涵义，而把视网膜上的影像比作表象（或心理学意义上的意象）。”② 我们所观察的月亮是客观的月亮，它是“月亮”这个名称的指称；月亮在我们视网膜上形成的影像是我们的个人意象，它是主观的月亮；望远镜内物镜上的月亮影像就是涵义，它既不是主观的也不是客观的，介于主观客观之间。物镜上的影像充当了天上的月亮和视网膜上月亮之间的中介，我们通过物镜上的月亮找到了天上的月亮，类似地，涵义也充当了指称和意象之间的中介，我们通过名称的涵义确定名称的指称。

弗雷格认为不但名称有涵义和指称，语句（陈述句）也有涵义和指称。弗雷格将语句的真值当作语句的指称，所有真语句具有相同的指称：真；所有假语句具有共同的指称：假；语句的涵义就是它所表

---

① ［德］弗雷格：《论涵义和所指》，马蒂尼奇主编：《语言哲学》，牟博、杨音莱、韩林合等译，商务印书馆 1998 年版，第 375 页。

② 同上书，第 379 页。

达的思想，对应于这种思想会产生一定的真值。语句的指称与涵义的关系与名称的情况类似，即一个人理解了语句的涵义，把握了语句的思想，就能够确定语句的真值。从涵义走向指称的过程就是走向真的过程，具体来说如何实现这个过程，达米特有过一个经典解读。达米特认为弗雷格“对‘什么赋予一个句子以它所具有的涵义？’这个问题也许可以回答说：‘说话者对它具有那种涵义的理解。’而对‘为什么他们对它会有这样的理解？’这个问题，也许可以根据弗雷格在《算术的基本规律》中的说明方式来回答：‘因为他们把它的真值看作是以恰当的方式确定的’或‘因为他们把恰当的条件看作是得到该句子为真所需要的’。”① 弗雷格体系中，说明语句的涵义依赖语句的真值，“思想与真的关系最密切”②，用语句真值说明语句涵义这种思路明显被早期维特根斯坦以及戴维森所继承。

三　罗素：摹状词理论

弗雷格认为表达式既有涵义也有指称，在具体语境中通过表达式的涵义找到表达式的指称，这一看法遭到罗素的质疑，罗素认为：“当我们采取指谓词组既表达意义又指谓所指这种观点时我们所要面对的首要困难之一，是有关所指似乎并不存在这种情况的。”③ 例如，根据形式逻辑排中律，“当今的法国国王是秃头”或者“当今的法国国王不是秃头”二者必有一个为真，然而无论哪个语句为真都可推出当今的法国是有国王的，但事实上当今法国是共和制，没有国王，“当今的法国国王”没有指称。这种问题弗雷格的处理思路是“‘法国国王’就应指谓空类”④，没有指称的名称指称空类，以这种方式

① ［英］迈克尔·达米特：《分析哲学的起源》，王路译，上海译文出版社2005年版，第12页。

② 同上。

③ ［英］贝特兰·罗素：《论指谓》，涂纪亮主编：《语言哲学名著选辑》，生活·读书·新知三联书店1998年版，第73页。

④ 同上书，第74页。

解决此问题。罗素认为尽管这样的处理不会造成逻辑困难，但也无助于问题的精确分析和解决。

为解决与此类似的一些问题，罗素修改了弗雷格的专名理论，提出了自己的堪称“分析典范”的摹状词理论。弗雷格不加区分地把所有表达个体对象的表达式称为专名，罗素的摹状词理论修改了弗雷格的专名理论，弗雷格认为：“‘指号’或‘名称’理解为任何作为专名（proper name）起作用的表达式，……一个单独对象的名称可以由几个词或各种不同的指号组成。为简便起见，以后任何一个这样的名称我们都将它看作是一个专名。”① 在罗素看来，这些表达式通常不是专名，而是摹状词（Description）。摹状词通过描述一个对象的属性而指称这个对象，摹状词分为限定摹状词和非限定摹状词。限定摹状词是以定冠词“the”开始的词组，指谓确定的对象，例如 the dog（那只狗）；非限定摹状词是以不定冠词“a/an”开始的词组，指称不确定的对象，例如 an apple（一个苹果）。限定摹状词不同于专名，限定摹状词不是一个名称，只是一个不完全的符号，离开具体语境，限定摹状词不具有意义，也不指称任何东西，只有在一定的语境中，限定摹状词才能获得意义；而专名单独具有意义和指称，“一个名字乃是一个简单的符号，直接指一个个体，这个个体就是它的意义，并且凭借它自身而具有意义，与组成它的字的意义无关”②。

专名可以成为命题的主词，限定摹状词不能成为命题主词，其作用与谓词相同，只是代表某种性质。出现在命题主词位置的摹状词，可以通过把摹状词的性质精确表述出来消除摹状词，这样就可以解决一些令人困惑的难题。例如“当今的法国国王是秃头”这个难题中，“当今的法国国王”就是一个限定性摹状词，通过改写可以使这个限定性摹状词消失，从而解决问题：“当今的法国国王是秃头”可被改

---

① ［德］弗雷格：《论涵义和所指》，马蒂尼奇主编：《语言哲学》，牟博、杨音莱、韩林合等译，商务印书馆 1998 年版，第 377 页。

② 陈道德：《二十世纪意义理论的发展与语言逻辑的兴起》，中国社会科学出版社 2007 年版，第 22 页。

写为“有一个对象X，X是当今的法国国王；并且如果另一个对象Y也是当今的法国国王，则X和Y是同一个对象；并且X是秃头。”这个句子是假的，不是因为当今的法国国王不是秃头，而是因为不存在当今的法国国王。通过改写消除摹状词，这就解决了预设法国国王存在这个难题。

罗素认为逻辑专名才是真正的专名，通常我们所说的专名不是真正的专名，这类专名罗素称为“缩略的”或者“伪装的”摹状词，它们具有涵义和指称，其涵义决定其指称。克里普克反对把专名看作“伪装的”摹状词，认为摹状词和专名有着严格的区别，摹状词有意义和指称，但是专名没有意义，仅有指称，专名的指称是专名仅有的意义。专名的指称不是由所谓的意义决定，而是由使用这个词语的人所组成的共同体，一系列的社会历史因素决定了专名的指称，例如“孔子”这个名称，孔子降生时，其父母把他命名为“孔子”，在此之后这个名称根据历史因果链条在人类共同体中传播。今天我们使用“孔子”称呼这个人，是因为我们处在这样一个历史共同体的历史因果链条传递中。

罗素的摹状词理论遭受的最激烈的批评来自于斯特劳森（Peter Frederick Strawson），斯特劳森1950年发表《论指称》，激烈批驳了罗素的摹状词理论。斯特劳森认为罗素混淆了语句和语句的使用，因为“语句的不同的使用场合之间存在着显著差别”①，斯特劳森区分语句（a sentence）、语句的使用（a use of a sentence）和语句的表达（a utterance of a sentence）以及语词（expression）、语词的使用（a use of a expression）和语词的表达（a utterance of a expression）。不同的语境中语句和语词是相同的，但是语句和语词的使用是不同的。语句和语词是有意义的，但并无真假或者指称可言，只有在具体的语境使用中才能谈得上指称或者真假，“意义（至少就一种重要的涵义来

① ［英］彼得·弗里德里克·斯特劳森：《论指称》，涂纪亮主编：《语言哲学名著选辑》，生活·读书·新知三联书店1998年版，第92页。

说）是语句或语词的一种功能，而提到和指称，真和假则是句子的使用或语词的使用的功能”①。除非涉及具体的语句或者语词的使用，否则我们不能谈论语句的真假，也不能说语词指称什么，“罗素的错误在于……在某一特定语境中把语词同它们的使用混淆起来，把语词的意义同提到或指称混淆起来”②。罗素忽略了语境的因素，这一点也是早期人工语言学派和日常语言学派的一个重要不同。

四　维特根斯坦：图像说

罗素认为语词的意义就是它所指称的对象，语词的意义与所指对象是统一的，语词的意义就是指称。在逻辑原子主义的基础上，罗素后期建立了更加精致的逻辑指称论，不过逻辑指称论最为精妙的表述体现在维特根斯坦的《逻辑哲学论》。

维特根斯坦继承了罗素的逻辑原子主义，逻辑地解析了语言和世界。在相同的逻辑结构之上，世界被解析为事实、事体以及非事实的对象；语言被逻辑解析为命题、基本命题以及非命题的名字。语言作为世界的逻辑图像描述世界，具体来说就是相同逻辑结构的语言和世界，在名字命名对象的基础上建立起不同层面的一一对应关系。通过语言描述世界，建立起语言和世界的联系。不同于罗素和弗雷格，维特根斯坦认为语词有意谓，命题具有意义。“只有命题才有意义；只有在命题的联系关系中名称才有意谓”③，“名字意指对象。对象是名称的意谓”④。弗雷格认为语词和命题都同时具有涵义和指称，但维特根斯坦把涵义和指称拆开，把意义和意谓分别赋予命题和名字，命题具有意义，名字具有意谓。不同于弗雷格的通过意义寻找指称，维

---

①［英］彼得·弗里德里克·斯特劳森：《论指称》，涂纪亮主编：《语言哲学名著选辑》，生活·读书·新知三联书店1998年版，第94页。

② 同上书，第95页。

③［奥］路德维希·维特根斯坦：《逻辑哲学论》，贺绍甲译，商务印书馆2002年版，第35页。

④ 同上书，第33页。

特根斯坦系统中命题的意义是由名字的意谓加以保证的“要求简单记号的可能性，就是要求意义的确定性”[①]。

有意义的命题是世界的逻辑图像，它必须描述世界，“命题是实在的图像：因为当我理解一个命题，我就知道它所表述的情况，而且无需向我解释其意义，我就理解这个命题”[②]。同弗雷格类似，维特根斯坦也认为命题的意义存在于命题和事实之间，命题的意义只能显示，不可说出，“……可以径直说：‘这个命题表述如此这般的情况’，而不说：‘这个命题具有如此这般的意义’”[③]。所谓“说”指的是用逻辑化的语言来描述世界，意义是存在于语言和世界之间的，当然不属于可说的内容，因而只能“显示”，“命题显示其意义。命题显示当它为真时事情是怎样的，而且宣称事情就是这样的”[④]。如何显示呢？命题为真时的情形就显示了命题的意义。

类似于弗雷格用一个含混的比喻说明何为涵义，维特根斯坦也用了一个形象的比喻来说明命题如何显示其意义：维特根斯坦借用了“投影”来解释这一点，“命题包括投影所包括的一切，而不包括被投影者。因此命题包括的是被投影者的可能性，而不是被投影者本身。因此命题中也不包含命题的意义，而只包含表达其意义的可能性”[⑤]。维特根斯坦借用“投影”来说明命题描述事体这个过程：命题能描述事体是因为命题和事体有着相同的逻辑结构，命题类似于事体的一个投影，在同构的基础上，命题投影似的表达了事体。而在这种投射过程中，发生在两者之间的那种关系，所谓的“被投影的可能性”即是命题的意义，命题的意义就是在这两个同构的体系之间发生的投影关系中得到了表达，在命题投影事体的过程中，显示了命题的意义。命

① ［奥］路德维希·维特根斯坦：《逻辑哲学论》，贺绍甲译，商务印书馆 2002 年版，第 34 页。

② 同上书，第 43 页。

③ 同上书，第 44 页。

④ 同上书，第 43 页。

⑤ 同上书，第 32 页。

题的意义就显示在这个过程中，我们可以体会这个过程，但是却不能用语言表达。这就是维特根斯坦的可显示但不可说的微妙境界。

20 世纪的意义指称论大多关注专名的指称和涵义，大多假定语言之外存在着非语言现象的实体作为专名的指称。语句的意义依赖于作为语句构成部分的表达式的意义。戴维森认为，“令人满意的意义理论必须对语句的意义依赖语词的方式提出一种解释”①，意义理论必须说明在语词的基础上如何获得语句的意义。最自然的做法是给语句中每个词语或语句部分分配一个有意义的实体，语词或语句部分指称这个实体，了解语词或者语句部分的意义就理解了这个语句。例如在“忒厄特图斯（Theaetetus）飞翔”这个语句中，我们把实体“忒厄特图斯”指派给语词“忒厄特图斯（Theaetetus）”，把谓词“飞翔”的特性指派给“飞翔”，接下来问题就是我们如何从“忒厄特图斯（Theaetetus）”和“飞翔”的意义中得到语句“忒厄特图斯（Theaetetus）飞翔”的意义。明显的是，仅仅了解语句部分，例如“忒厄特图斯（Theaetetus）”和“飞翔”的意义不足以理解由其构成的语句，例如语句“忒厄特图斯（Theaetetus）飞翔”的意义，需要说明我们如何从语句构成部分的意义理解语句的意义。

对此问题最自然的回应是：要想从语句构成部分的意义出发理解语句的意义，还需要说明语句构成部分以这样的顺序连接有何意义。但下一步紧接着的问题是，语句构成部分以这种顺序是如何连接起来的，此时还需要说明连接词的意义。例如在语句“忒厄特图斯（Theaetetus）飞翔”这个例子，除了说明“忒厄特图斯（Theaetetus）”和“飞翔”的意义，还需要说明这两个部分的连接顺序，以及以这样的连接顺序，二者如何连接构成语句的意义。可行的做法是把词语连接，即“忒厄特图斯（Theaetetus）飞翔”作为有意义的语法片段，参与示例语句的意义。这种说法无助于解决问题，只会引入新的问

① Donald Davidson, *Inquiries into Truth & Interpretation*, Oxofrd: Clarendon Press, 2001, p. 17.

题：作为有意义语法片段的语词连接，它的意义如何从构成它的语词“忒厄特图斯（Theaetetus）”和“飞翔”中来？……这样的回答方式无助于解决问题，只会导致无穷倒退。

这种思路是典型的亚里士多德式的主谓逻辑的分析思路，根据亚里士多德传统逻辑，一个句子可以简单地分为主词和谓词，例如语句“苏格拉底是有死的”，“苏格拉底”是主词，“有死的”是谓词，“是”就是“系词”。理解“苏格拉底是有死的”这个语句，需要指派苏格拉底这个人作为主词“苏格拉底”的指称，把“有死的”相关属性赋予谓词“有死的”，除此之外还需要理解系词“是”的意义，为了解释“是”的意义需要引进新的词语，而新引进的词语的意义也是需要解释的，这会导致无限倒退。为避免此种尴尬局面，弗雷格的做法是用一种新的方式重新分解句子。不同于亚里士多德的做法，弗雷格把简单句子分解为个体词和概念词，例如在语句“苏格拉底是有死的”，“苏格拉底”是个体词，“（）是有死的”是概念词。[①] 概念词含有“空位”，是不饱和的，这个“空位”等待着个体词去填充。弗雷格的语句分解方式和亚里士多德的方式最大差别是亚里士多德需要一个特殊的语句成分——系词来连接主词和谓词，而弗雷格无须额外的语句成分来连接个体词和概念词，二者的连接是通过个体词填充概念词的空位实现的。弗雷格希望通过此种方式来避免设置语句连接成分进而导致无穷倒退。

戴维森认为：“这种学说与其说解决了问题，不如说是指出了问题的困难所在。”[②] 戴维森以复杂的单称词项“安妮特的父亲”为例，说明这个表达式的意义如何依赖于它的组成部分。戴维森认为这个问题弗雷格式的回答可能是这样的：个体词“安妮特”填充概念词“（）的父亲”形成表达式“安妮特的父亲”，这个表达式的意义依赖

---

① 弗雷格为了和亚里士多德的“谓词”相区别，故意使用了“概念词”，但后来的学者为了方便又把其成为“谓词”，本书中二者同义。

② Donald Davidson, *Inquiries into Truth & Interpretation*, Oxford: Clarendon Press, 2001, p. 17.

于概念词“（）的父亲”的意义和个体词“安妮特”的指称；“（）的父亲”这个概念词的意义使得个体词填充这个概念词之后形成的表达式，指称个体词所指称的那个人的父亲；“安妮特”指称安妮特这个人，所以这个表达式的意义就是指称安妮特的父亲。问题是“（）的父亲”代表的不饱和的实体起什么作用？根据弗雷格真值函项理论，可行的说法是，函项“（）的父亲”的作用是，当自变量是X的时候，函项“给出”或“产生”X的父亲作为真值。在这个过程中，概念词的作用类似于函数中的“映射条件”，类似与一个机械操作，通过在“空位（）”填充一个对象，这个机制就会自动的指向表达式所指称的对象。很明显，这里函项所起的作用就是把填入空位的个体词所指称的对象同其父亲匹配起来，函项“（）的父亲”所代表的实体并没有起到任何作用。所以，戴维森认为：“显然，在陈述这一理论时，没有提到或没有必要提到对应于‘（）的父亲’的实体。”[①] 所以，戴维森认为意义理论的目标不是分析构成部分的意义，而是根据语句构成部分的意义说明语句的意义，而通过提及表达式部分所指称的实体并不能有效说明表达式的构成部分在表达式所表述内容方面所起的作用。所以，“一种令人满意的关于复杂表达式的意义理论，可能并不需要实体作为各组成部分的意义”[②]，“为语言的每一个表达式都指派实体对于达到指称理论的目标来说既无必要也不充分”[③]。

弗雷格处理语句的方式和处理单称词项的方式类似：他把单称词项的做法推广到语句，把概念词作为一个特殊的函项：真值函项，概念词的空位可以填入不同的对象，函项具有不同的真值（真或者假），而语句是单称词项的特殊情形。戴维森认为弗雷格的理论会出现一个困难。“这个困难是随着作出这样两个合乎情理的假定而出现

---

① Donald Davidson, *Inquiries into Truth & Interpretation*, Oxford: Clarendon Press, 2001, p. 18.

② Ibid. .

③ ［美］柯克·路德维希主编：《唐纳德·戴维森》，郭世平译，复旦大学出版社2011年版，第39页。

的：一个假定是，逻辑上等值的单称词项具有相同的指称；另一个假定是，一个单称词项在它所包含的一个单称词项被另一个具有相同指称的单称词项所替换的情况下并不改变其真值。但是，现在我们假定，'R'和'S'是任意两个具有相同真值的语句的缩写。因此，下面四个语句具有相同的指称：

（1）R

（2）$x\ (x=x\cdot R)\ =x\ (x=x)$

（3）$x\ (x=x\cdot S)\ =x\ (x=x)$

（4）S"[1]

戴维森认为："如果一个语句的意义是它所指称的东西，则所有在真值上相同的语句必定是同义的，这是一个无法容忍的结论。"[2]巴维斯（Barwise）和皮里（Perry）把这个论证起个绰号叫弹弓（the slingshot）——为了杀死弗雷格式的巨人。

弹弓论证是戴维森意义理论中一个很著名的内容，为了详细说明戴维森的论证思路，路德维希等人详细论述了戴维森的论证步骤：

> （1）逻辑上等值的单称词项具有相同的指称。
>
> （2）一个单称词项在它所包含的一个单称词项被另一个具有相同指称的单称词项所替换的情况下并不改变其真值。
>
> （3）语句是单称词项，语句指称它的意义。
>
> （4）语句 S 和 R 真值相同。
>
> （5）R 逻辑等值于 $x\ (x=x\cdot R)\ =x\ (x=x)$。
>
> （6）R 和 $x\ (x=x\cdot R)\ =x\ (x=x)$ 具有相同的指称（根据 1、3、5）。
>
> （7）$x\ (x=x\cdot R)$ 和 $x\ (x=x\cdot S)$ 是指称相同的单称词项

① ［美］唐纳德·戴维森：《真理与意义》，唐纳德·戴维森：《对真理与解释的探究》，牟博、江怡译，中国人民大学出版社 2007 年版，第 31 页。

② Donald Davidson, *Inquiries into Truth & Interpretation*, Oxford: Clarendon Press, 2001, p. 19.

(根据4)。

(8) x (x = x · R) = x (x = x) 和 x (x = x · S) = x (x = x) 指称相同 (根据2、7)。

(9) s 和 x (x = x · S) = x (x = x) 逻辑等值。

(10) s 和 x (x = x · S) = x (x = x) 具有相同指称 (根据1、3、9)。

(11) R 和 S 具有相同指称 (根据6、8、10)。

(12) R 和 S 具有相同意义 (根据3、11)。①

上述论证中，(1) 和 (2) 是戴维森所做的假定；(3) 是戴维森希望归谬的目标；(4) 是代表任意两个真值相同的语句；(5) 表示的是 R 的逻辑等值表达式。根据 (1)、(3)、(5) 推出 (6)，即语句 R 和它的逻辑等值式具有相同的指称；同理根据 (1)、(3)、(9) 推出 (10)，即语句 S 和它的逻辑等值式具有相同的指称。因为表达式 "x (x = x · R)" 和 "x (x = x · S)" 是单称词项，所以根据 "(4) R 和 S 真值相同" 推出等值的表达式 "x (x = x · R)" 和 "x (x = x · S)" 指称相同，此即 (7)。根据 (2)，用相同指称的 "x (x = x)" 替换 "x" 代入 (7) 推出 (8)。R 和 x (x = x · R) = x (x = x) 具有相同的指称，x (x = x · R) = x (x = x) 和 x (x = x · S) = x (x = x) 指称相同，并且 s 和 x (x = x · S) = x (x = x) 具有相同指称，自然推出 R 和 S 具有相同指称，所以根据 (6)、(8)、(10) 自然推出 (11)。根据 (3)，既然 R 和 S 指称相同，自然 R 和 S 具有相同的意义，此即 (12)。戴维森用反证法证明任意两个逻辑等值的语句意义相同，这显然是不能接受的结论。

弹弓论证明显得到一个无法接受的结论，所以戴维森拒绝接受 (3)，即拒绝接受语句指称它的意义，以此来证明通过寻求语句构成

① Ernie Lepore & Kirk Ludwig, *Donald Davidson-Meaning, Truth, Language and Reality*, Oxford: Oxford University Press, 2007, pp. 50 – 51.

部分的指称无助于说明语句的意义这种思路。但是，戴维森的论证思路中，前提（2）是存在问题的，因为它预设了需要论证的结论，“除非一个人已经知道真值相同的语句指称相同的事物，否则我们无法推出一个单称词项在它所包含的一个单称词项被另一个具有相同指称的单称词项所替换的情况下并不改变其真值这个结论”①。即使是前提（1）也存在问题，因为逻辑等值能应用的只是语句，并不适用于单称词项，需要重新刻画逻辑等同以便其适用于单称词项，而这是戴维森的论证中没有提及的。

弹弓论证最大的问题是误解弗雷格的本意：弗雷格区分指称和涵义，通过涵义确定指称，但是关于意义，弗雷格没有明确说意义等于指称，而只是认为通过意义可以确定指称，意义与指称是不同的；为说明指称与意义的区别和联系，弗雷格用人用望远镜观察月亮为例比喻说明涵义与指称的区别和联系：客观的天上的月亮是语词的指称，而望远镜内物镜上的月亮才是语词的意义，我们是通过物镜上的月亮找到天上的月亮。戴维森所批评的所谓弗雷格的观点不容易在弗雷格的思想中找到。关于这一点，路德维希在《唐纳德·戴维森——意义，真理，语言和现实》一书注释中明确表明：“弗雷格自己从未把语句的指称和语句的意义视为同一个东西，而是根据语句的意义决定（指称）语句的真值。戴维森此处希望阻止的是按照弗雷格从未打算使用的方式处理非完整表达式的这么一个思路。”② 弗雷格不认为语句指称意义的原因在于他把开语句视为真值函项。例如真值函项“x是被太阳照亮的事物”，我们可以用指称相同的单称词项“启明星”和“长庚星”代替“x”得到表达式“启明星是被太阳照亮的事物”和“长庚星是被太阳照亮的事物”，这两个表达式都是真语句，指称相同，但是这两个表达式意义是不同的。如果要求表达式指称相同意

① Ernie Lepore & Kirk Ludwig, *Donald Davidson-Meaning*, *Truth*, *Language and Reality*, Oxford: Oxford University Press, 2007, p. 53.

② Ibid., p. 49.

义也相同，则真值函项就不能使用单称词项代替变量产生有意义的表达式，这同弗雷格的根本看法相矛盾。所以，上述论证并不是弗雷格的本意。“弹弓论证”中，戴维森认为弗雷格的体系中“单称词项的意义等同于它的指称”，“语句的意义是它所指称的东西”，这明显是对弗雷格的误解，“射杀”弗雷格也无从谈起。指称论中只有罗素坚持认为意义等同于指称，他显然低估了意义的复杂性，也很容易被克里普克、斯特劳森等人批驳。

虽然戴维森未能成功“射杀”弗雷格，但是戴维森认为弗雷格“不能对语句的意义如何依赖组成部分的语词（或其他结构成分）的意义做出的解释方式”[①]，这个评价还是很中肯的。因为我们如果询问“忒厄特图斯（Theaetetus）飞翔”这个语句的意义，弗雷格的回答或许是：“飞翔”的意义作为不饱和谓词，“忒厄特图斯（Theaetetus）”的意义填入产生的值（这样代入产生的句子的真值）就是某人飞翔的意义。“我们想要知道‘忒厄特图斯（Theaetetus）飞翔’的意义是什么，却被告知说它就是‘忒厄特图斯（Theaetetus）飞翔’的意义，这等于什么都没有说。”[②] 我们希望知道“忒厄特图斯（Theaetetus）飞翔”这句话的意义，但是却被告知“忒厄特图斯（Theaetetus）”指称的对象填入谓词“飞翔”产生一个具有确定真值（真或者假）并且符合句法结构的句子，而这是我们早就知道的事情，这样的解释无助于说明语句的意义。戴维森希望得到的是一种直接“指称”意义的一种理论：“所要求的是这样一种理论，它具有形如‘s 意谓（means）m’（其中‘s’可被一个语句的结构描述短语所代替，‘m’可被一个指称该语句意义的单称词项所代替）的语句作为推断。”[③] 但是弗雷格

① Donald Davidson, *Inquiries into Truth & Interpretation*, Oxford: Clarendon Press, 2001, p. 20.

② ［美］唐纳德·戴维森：《真理与意义》，唐纳德·戴维森：《对真理与解释的探究》，牟博、江怡译，中国人民大学出版社 2007 年版，第 32 页。

③ Donald Davidson, *Inquiries into Truth & Interpretation*, Oxford: Clarendon Press, 2001, p. 20.

的理论不能做到这一点。戴维森反对弗雷格的意义理论，并不是因为弗雷格的意义理论是抽象难以理解的，而是因为“它们不具有被表明了的用法”，弗雷格的指称理论无法解释语句的意义。

戴维森把维特根斯坦的意义“图像说”称为“令人满意的句法理论”。戴维森认为维特根斯坦体系中的语句是由有限的确定的“原子句法元素”（即维特根斯坦体系中的名字）集合中某些元素按照一定的规则组合而成的，在此基础上维特根斯坦提供了判定任意一个表达式是否具有意义的有效方法；通过系统的给出每个名称的指称（戴维森称之为“给出每个句法原子之意义的词典”）构建有意义的语句。戴维森把这样的研究路径称为从语法学产生出语义学的过程，戴维森认为以这样的研究路径构建意义理论也不能令人满意。因为首先语义学和语法关注的重点不同：语义学的中心任务是给语言中的每一个语句提出语义解释，目前的意义理论都没有完成这一点；语法学主要说明表达式是否有意义，即表达式的组合是否合乎句法，这点上我们是清晰明白的。说明和断定按照一定规则构建的语句是否有意义并不等于给出该语句的意义，这是两码事。同时，通过说明语句结构特征和语句基本组成部分的意义并不总能说明语句的涵义，戴维森提供的反例是信念语句。因为信念语句语法（语句的逻辑结构）相对而言清楚明白，但是根据信念语句中的语词的含义我们是无法说清楚语句的意义，我们无法对信念语句做出真值解释。需要说明的，信念语句的问题对维特根斯坦根本就不是问题，因为《逻辑哲学论》时期的维特根斯坦只关注语言现象中的一小部分，仅关注语言当中明确描述世界的那部分内容，其他的都不是人工语言学派关注的内容；而戴维森希望为自然语言建立意义理论，他关注的是全部的语言现象，不但包括陈述句，还包括信念语句、祈使句、疑问句等内容，所以戴维森需要解决信念语句的意义问题，对他而言，维特根斯坦式的方法就不能直接使用，需要加以改造以适应复杂的语言情况。

20 世纪的意义指称理论对戴维森影响很大，戴维森意义理论对意义和真理关系的理解和把握更多继承了意义指称理论，特别是弗雷格和维特根斯坦的相关论述对戴维森纲领的建立影响重大，在批判性继承意义指称理论的基础上，戴维森提出了适合于自然语言的意义理论。

第二节　意义观念论

意义观念论是由约翰·洛克（John Locke）提出的意义理论，是历史比较悠久的意义理论。洛克认为知识来源于经验，知识由观念构成。人心中的观念有两个来源：外部感觉经验和内部反省经验。外部感觉经验是由外部事物刺激我们感官引起的，是由感觉得到的经验，通过感觉，人获得红、白、甜、苦、冷、热、软、硬等观念；内部反省经验，是由人们心灵内部反省形成的经验，知觉、思维、怀疑、信仰、推理、认识、意愿以及我们自己心灵的各种活动等都属于内部反省经验。洛克认为观念是私人的，人们要进行思想交流，要把自己的思想同别人分享，必须使用词语作为观念的标记。词语正是因为标记观念或者代表观念才具有意义，词语代表的观念就是词语的意义。洛克认为："词的用处是作为观念的明显标记，词所代表的观念是词的恰当和直接的意义。"①

与意义指称论中词语指向一个语言外的非语言的实体不同，观念论中词语所代表的观念是私人的主观观念，同一个词语在不同人那里可能代表不同的观念。洛克在《人类理智论》中讨论了不同的人心中，"黄金"这个词代表的观念可能根本不同：一个小孩子那里，"黄金"代表的是炫目的黄颜色的观念，这个颜色与孔雀尾巴羽毛的颜色类似；一个人知道"黄金"是一种贵金属，他所说的"黄金"代表了一种由炫目黄色、重量和可溶性等观念构成的复杂观念；另外的人可能还知道黄金是可锻的，在他那里"黄金"所代表的观念就多了一个"可锻性"的观念。词语代表不同人心中各自不同的观念，

① 周晓亮主编：《西方哲学史》（学术版）第四卷，江苏人民出版社2005年版，第330页。

代表着不同人的不同主观心理状态，语词的意义完全是私人的。把词语的意义限制于私人感受的观念之中，这必然导致词语的意义无法突破主观限制成为公共的东西，这样的语词的意义就是无法交流的，更谈不上建立客观性的意义理论。这样的意义理论与20世纪人们对意义公共性的理解差距太大，自然无法令人满意。

第三节　意义使用理论

《逻辑哲学论》中，维特根斯坦宣称解决了全部的哲学问题，“问题从根本上已获致最终的解决”①，随后他告别哲学研究归隐山林。1929年，维特根斯坦重返剑桥，重新开始哲学研究。晚期维特根斯坦②推翻了《逻辑哲学论》的一些主要观点，提出了意义使用论，这些思想主要体现在维特根斯坦晚期著作《哲学研究》中。

《逻辑哲学论》中，维特根斯坦认为命题是事实的逻辑图像，命题和事实享有共同的逻辑形式。无法用逻辑符号处理的语句都被排除在命题的范围之外，陈述句的一部分才是早期维特根斯坦关注的命题。晚期维特根斯坦关注全部的语言现象，承认语言具有各种不同的功能，并非仅仅是描述功能。我们可以使用语言做什么呢？早期维特根斯坦认为语句唯一的功能是描述事实，晚期维特根斯坦认为语言可以做很多事情，而且这些事情是根本不同的：

> 下达命令，以及服从命令——
> 按照一个对象的外观来描述它，或按照它的量度来描述它——
> 根据描述（绘图）构造一个对象——
> 报道一个事件——

---

① ［奥］路德维希·维特根斯坦：《逻辑哲学论》，贺绍甲译，商务印书馆2002年版，第24页。

② 早期的维特根斯坦主要指的是《逻辑哲学论》时期的维特根斯坦的思想；晚期维特根斯坦指的是《哲学研究》中维特根斯坦的相关思想。

对这个事件的经过做出推测——

提出及检验一种假设——

用图表表示一个实验的结果——

编故事；读故事——

演戏——

唱歌——

猜谜——

编笑话；讲笑话——

解一道应用算数题——

把一种语言翻译成另一种语言——

请求、感谢、咒骂、问候、祈祷。①

维特根斯坦把一切使用语言的活动或行为称为语言游戏，上述的各种语言活动都属于不同的语言游戏。维特根斯坦放弃了早期追求语言本质的做法，提出了“家族相似”的概念，各种各样的语言游戏组成了家族相似的游戏网络。这个网络没有确定的边界，没有确定的本质，某些成员之间共同具有某些属性，另外一些成员共同具有另外的属性，不存在所有成员都享有的共同本质。语言游戏中，语言和使用语言的活动交织在一起，研究语言不能离开具体使用语言的语境来单纯研究语言。不同的语言游戏构成一个家族相似的复杂网络，不同的语言游戏中，语言的意义各不相同。如果非要在不同的意义中归纳出统一性，那只能说语言的意义在于使用，语言的意义体现在对语言的使用中。

维特根斯坦认为语言是工具，同一种工具可以被我们以各种不同的方式使用，从而呈现出不同的用法，因而语言也就呈现出不同的意义。那么，在众多不同的用法中，哪种用法是正常的用法呢？这个问

---

① ［奥］路德维希·维特根斯坦：《哲学研究》，陈嘉映译，上海人民出版社 2001 年版，第 30 页。

题没有标准答案，在不同的情境中，语言的使用规则也是不同的。这一点体现出了后期维特根斯坦与人工语言学派的巨大差异，人工语言学派认为语言的意义是超越具体语境的公共性的存在，只与非事实的语言逻辑相关，而以晚期维特根斯坦为代表的日常语言学派更加关注具体语境下的语言的具体意义，语言的意义和具体语境相关。

维特根斯坦的意义使用论，扭转了分析哲学研究早期单纯分析逻辑语法来澄清语言意义的做法，使得更多人开始分析日常生活中使用自然语言的自然活动，以此确定语言的意义。后来的赖尔（Gilbert Ryle）、奥斯丁（John Langshaw Austin）、斯特劳森（Peter Frederick Strawson）等人继承发扬了维特根斯坦的意义使用论，形成了分析哲学中的日常语言学派。但是，批评者看来，意义使用论中，“使用”的概念过于宽泛，并非所有关于使用的谈论都是解释意义所必须的，正如格雷林（A. C. Grayling）所说，“并非所有对语词的使用方式、使用场合及其用途的解释都是对语词意义的解释”①，戴维森也认为，我们本着无数不同的目的使用同一个语句，如果语句的意义在于使用，我们是通过无数的使用确定语句的意义，那么确切的确定语言的意就不是件容易的事情，具体来说，戴维森认为：

> 从维特根斯坦那里，我们知道了建筑工人和他的助手的故事：“石块!”“石板!”……这故事用来描述使用（让助手拿石块和石板）和意义“拿一个石块”，“拿一块石板”的联系。……记住这一点是十分有益的，除了在人的事物中起作用，语词便不会意谓任何东西；就是这些事物赋予词语以他们所有的意义，但是，没有任何意义理论会从这个重要的而又经常被忽略的事实中得出。因为维特根斯坦例子中的那些独词句（我假设是“拿一个石块、一块石板”的省略说法），除了让助手拿这些物件外，可

① A. C. Grayling, *An Introduction to Philosophical Logical*, Oxford: Blackwell Publishers, 1977, p. 223.

> 使用于无数不同的目的……如果每一个句子都只可以准确地使用于一个目的，语言就不是它所是的那种有用的装置了。祈求由“标准”的使用得出意义也无济于事；根本没有这样的标准使用。我们也不能诉诸存在着一个“约定”这样的想法，这约定是说我们使用“恺撒是被谋杀的”这样一句话就通知我们恺撒的死因；根本没有这样的约定。……我们的词语获得它们的意义是通过大量不同的使用。①

同时，意义使用论对戴维森意义理论影响重大，他认为人们没有充分意识到意义使用论的真正价值和全部力量，其“指引一条发现已经内含于表达中的意义的道路。需要强调的是，使用并不是通向也已存在的意义的一条道路，而是它产生并因此构成意义”②。戴维森认为意义不是现成的，而是在使用中创造出来的，是在语句、说话者和说话环境的有机联系中创造出了意义。戴维森继承和改造了维特根斯坦的意义使用论，在意义使用论的基础上更多了给出了意义的证据基础，使得意义理论具备更多的经验要素和可检验性。

第四节　行为主义意义理论

行为主义意义理论是受行为主义心理学的影响而提出的一种意义理论。行为主义心理学反对传统心理学研究中对意识的研究方式，认为意识是不可观察的，不能成为心理学的真正对象，真正心理学应该研究外部刺激和机体对刺激的外部反应。20 世纪 30 年代，美国语言学家布隆菲尔德（Leonard Bloomfield）认为语言是引发反应的刺激，源于对这些刺激的特定反应，语词的意义不是指称内在的观念，而是

---

① Donald Davidson, *Truth and Its Nature* (*If Any*), Kluwer: Kluwer Academic Publishers, 1999, pp. 111 – 112.

② 叶闯：《理解的条件——戴维森的解释理论》，商务印书馆 2006 年版，第 381 页。

在语词刺激下所产生的外在行为。语言学家哈里斯（Zellig Sabbettai Harris）把这种想法发展到新的高度。

行为主义意义理论在美国历史悠久，美国实用主义先驱皮尔士（Charles Sanders Santiago Peirce）和杜威（John Dewey）等人不同程度上持有行为主义意义理论。实用主义者坚持行为主义意义论的主要目的是反对观念论，他们认为语词的意义不能是代表内在的不可观察的观念或意识，而必须用外在的可观察的行为加以说明。意义行为主义采用外部刺激和机体对外部刺激的外部反应来解释语词意义，因此行为主义意义理论也被称为意义的刺激—反应理论。

20世纪分析哲学研究中，蒯因系统的用刺激——反应理论来说明语词的意义。蒯因认为："语言是一种社会性的技能，为了获得这种技能，我们不能不完全依赖于主体间通用的提示我们要说什么和什么时候说的信号。因此，除了通过人们对社会交际中可见刺激的明显反应倾向，我们不能以任何根据去核对语言的意义。"[①] 公共可观察的行为是最好的解释语词意义的根据，为了使得意义概念明确化，蒯因提出"刺激意义"的概念，"所谓刺激意义是一个说话者在特定的时刻，在公共可认可的环境中接受刺激和做出肯定或否定反应的过程中确定下来的意义"[②]。蒯因认为：

> 首先我们把类如"Gavagai"这样的句子对于某个说话者的肯定刺激意义（affirmative stimulus meaning）定义为会促使他表示同意的所有刺激的集合。更明确地说，对某个说话者而言，一刺激 σ 属于句子S的肯定刺激意义，当且仅当有一刺激 σ'，如果该说话者被给以 σ'，然后被问及S；被给以 σ，然后被再问及S时，他第一次会表示不同意（he would dissent the first time），第

① ［美］蒯因：《词语和对象》，涂纪亮、陈波主编：《蒯因著作集》（第四卷），中国人民大学出版社2007年版，第195页。

② 张妮妮：《意义，解释和真》，中国社会科学出版社2008年版，第49页。

二次会表示同意（would assent the second）。我们可以用同样的方式来定义否定刺激意义（negative stimulus meaning），只需把其中的“同意”和“不同意”互换一下。刺激意义则可以定义成这二者的有序偶。①

刺激意义是一个句子在某时刻对某人的刺激，刺激意义随着刺激持续的时间而变化，所以严格说，刺激意义是一个句子 S，在时间 t，对一个说话者 a，具有系数 n 秒长的刺激意义。对一个人来说，一个句子的刺激意义代表着他在当前刺激条件下对这个句子做出肯定或否定反应的行为倾向。

行为主义摆脱了意义的主观性，使得意义不再是私人的不可交流的内容，从而成为公共的具有主体间性的客观存在，开辟了一条意义客观性研究的新途径。但是刺激—反应模式下确定的客观意义本身的客观性却遭受质疑，因为除了可观察的客观行为之外，我们不能确定其他任何客观的东西，我们无法区分两个刺激是同一的还是不同的。因为很可能人们听到不同的话，会做出同一个反应；听到同一句话，可能会做出不同的反应。例如，当听到“考试时间到”这句话的时候，考生的反应是“该交卷子了”，而监考老师的反应可能是“该收卷子了”。此时根据哪个刺激反应行为确定这个表达式的意义就是个问题。行为主义反对观念论把语词意义理解成私有的个人观念，主张某种公共性的意义标准，但是行为主义本身却也无法建立意义的公共性。另外一个问题是，有些语词或者语句不会引起什么外在反应，例如“三角形内角和等于 180 度”，此时行为主义意义理论的适用性就出现问题。把语词的意义等于刺激引发的客观行为，这样的理论解释力不足，也无法真正确定语词的意义；同时，行为主义意义理论把语词的意义还原为客观行为，其不是解决问题，而是把问题引向了对行

① ［美］蒯因：《词语和对象》，涂纪亮、陈波主编：《蒯因著作集》（第四卷），中国人民大学出版社 2007 年版，第 227 页。

为的理解，这等于是回避了问题。戴维森明确指出，他不接受行为主义，因为戴维森认为："我试图对语言和意义作出解释的方式必须利用诸如信念和意向这样的概念，我认为这些概念不能还原为任何更科学的或行为主义的概念。"① 用外在行为的方式解释语词的意义，不能满足戴维森意义理论的要求。

① Donald Davidson, *Inquiries into Truth & Interpretation*, Oxford: Clarendon Press, 2001, p. 176.

第二章　戴维森纲领

戴维森认为合适的意义理论必须是组合性意义理论。在批判传统的意义理论模式之后，戴维森在塔尔斯基真理理论的基础上构建了（T）模式自然语言组合性意义理论。本章节将就上述内容展开论述，意图说明戴维森纲领的相关问题，特别是意义和真理的关系问题。

第一节　组合性意义理论

20 世纪 60 年代之前，整个语言哲学的核心是关于语言意义的问题，戴维森仔细考察了各种不同的意义理论，发现现存的意义理论都无法令人满意，甚至哲学家们对语言的意义究竟是什么却一直没有一个共同的认识，甚至没有一套大家公认的意义理论标准。因此，戴维森在提出自己的意义理论之前，首先确定如果要建立适当的自然语言意义理论，意义理论必须是组合性意义理论。

一　组合性原则

戴维森认为，如果给自然语言建立意义理论，这样的意义理论必须满足如下要求，那就是："它必须可以给出对这种语言中的句子意义的一种构造性说明。我把这种说明就称为这种语言的意义理论，而且我认为，如果一种意义理论与这个条件相冲突，无论它是由哲学家、语言学家还是由心理学家提出来的，它都无法作为一种关于自然语言的理论；如果它忽略了这个条件，它就没有讨论语言概念中的核心内容。”① 戴维森认为适当的自然语言意义理论必须是组合性意义理论，组合性意义理论要求我们在理解语句构成部分意义的基础上，能够理解整个语句的意义。路德维希等人用CM系统表述组合性意义理论：

> ［CM］语言L的组合性意义理论是一种形式化的理论，这种理论使得任何理解这种理论语言的人能够理解语言L的初始表达式以及能够在语言L初始表达式的基础上理解语言L的复杂表达式。②

组合性意义理论的要求比把语句意义视为构成部分的函数这个要求更进一步。因为如果把语句的意义理解为其构成部分意义的函数，在由语句构成部分的意义作为主目语句的意义作为函数值构建的真值函数中，作为语句构成部分意义和语句意义的联结结构的函数，它的作用仅仅是把语句构成部分的意义和语句意义匹配起来，并不涉及这个匹配是如何实现的。戴维森特别强调组合性意义理论不但要提供语句构成部分的意义这方面的内容，还需要提供一个说明语句构成部分如何组合成复杂语句的组合模型，通过这个组合模型，人们就足以从语句构成成分的意义理解语句的意义。组合性意义理论要求结构性说明人们如何能在理解语义学初始词项的基础上理解复杂表达式，使得能够理解语义学初始词项的人能够理解复杂表达式的意义。意义理论的组合性要求是戴维森意义理论的一个重要特色，也是区别于哲学史上其他意义理论的一个重要特征。

为何适当的自然语言意义理论必须满足组合性要求？这是因为人

① Donald Davidson, *Inquiries into Truth & Interpretation*, Oxford: Clarendon Press, 2001, p. 3.

② Ernest Lepore & Kirk Ludwig, *Donald Davidson's Truth-Theoretic Semantics*, Oxford: Clarendon Press, 2007, p. 18.

是一种有限的存在物，而语言所能衍生的语句是潜在无限的，我们有限的生命历程中不能给无限的语句中每一个都分配一个意义解释，可行的方法只能是在有限的初始词项的基础上，根据有限的语义规则，解释每一个语句的意义。语句的意义依赖语句构成成分（即语词）的意义——根据语句构成规则和语词的意义，我们就可以在语词的意义的基础上组合性理解语句的意义。

要给自然语言建立组合性意义理论，自然语言本身必须是组合性的，问题是自然语言满足组合性条件吗？明显的是，分析哲学中人工语言学派建立的形式语言是组合性的，例如维特根斯坦在《逻辑哲学论》中认为命题是基本命题的真值函项，“命题包括从所有基本命题的总体（自然，也从其确实是所有基本命题的总体）中所能得出的一切。（因此，在一定的意义上可以说，一切命题都是基本命题的概括）”①。戴维森认为考察下我们是如何学会语言的，也许就会明白自然语言的组合性。

戴维森认为我们都是普通人，生命是有限的，都是会死的；我们没有不凭借任何规则就能直接直觉句子意义的能力，我们学习任何新的语法规则或者词汇都是需要时间的。“我们都是有限的存在者，我们出生时并无语言，我们在有限的时间内变成对于包含无数非同义语句的语言的有充分资质的言说者。”② 我们能做到这一切的唯一解释只能是自然语言是组合性的，否则即使我们学会再多的语句，学会再多的语法规则，我们也不能说我们掌握了这种语言，因为仍然存在着众多语句是我们没有学会的，或者是我们的语法规则无法处理的。

可学会的自然语言，必定具有有限数量的语义初始词项，否则我们根本无法学会自然语言。语句的意义是由初始词项和语句结构

---

① ［奥］路德维希·维特根斯坦：《逻辑哲学论》，贺绍甲译，商务印书馆 2002 年版，第 61 页。

② ［美］柯克·路德维希主编：《唐纳德·戴维森》，郭世平译，复旦大学出版社 2011 年版，第 34 页。

特征共同决定：在初始词项的基础上，根据初始词项构成复合表达式的构成规则，我们可以了解表达式的意义。这样我们就能够了解我们需要学习的是什么，以及我们如何从有限的语法规则出发具备使用语言的能力。因此，我们需要说明“从经验上研究什么才能算作是我们所谓的知道一种语言，我们又是怎样描述一个已经学会说出一种语言的人所具有的能力或技巧”①。这种说明必须基于如下两个条件：一是语法条件，根据表达式的形式特征判断表达式是否合乎句法，是否有意义；二是语义条件，“我们一定能够根据有效地和唯一地取决于形式考虑的方式，刻画出每个句子的意义”②。组合性意义理论目标是把握我们言说语言的能力结构，“CM”中的“理解意义理论的人就能够理解初始词汇以及在初始词汇的基础上理解复合词汇”就明确要求组合性意义理论需要反映出说话者的能力结构，要求组合性理论包含足够的信息以获得在初始部分基础上理解复合表达式的相关规则并形式化反映出语词结合能力。这表明组合性意义理论不但要从语法上把握在初始词项的基础上理解复杂表达式的规则，而且要从语义上把握如何在初始词项意义和其结合模型的基础上理解复杂表达式的意义。

所以，根据我们学习语言的经验可以看出，我们之所以能够学会数量无限的自然语言，就是因为自然语言是组合性的。意义理论的组合性要求最主要的动机不是因为自然语言语句是无限的，我们不得不用组合性的方式处理自然语言，而是因为自然语言根本上就是组合性的。而事实上理解和学会语句的意义正是基于理解其构成部分的意义的基础上，在此基础上我们还能使用这些语句构成成分创造众多不同的有意义的自然语言语句。既然自然语言是组合性的，解释和说明自然语言的意义理论也必须满足组合性要求。

---

① Donald Davidson, *Inquiries into Truth & Interpretation*, Oxford: Clarendon Press, 2001, p. 8.

② ［美］唐纳德·戴维森：《意义理论与可学会的语言》，唐纳德·戴维森：《对真理与解释的探究》，牟博、江怡译，中国人民大学出版社 2007 年版，第 18 页。

路德维希等人认为组合性意义理论以及意义与真理的关系的相关讨论是戴维森对于意义理论的最大贡献。戴维森 1993 年评述组合性意义理论时认为当他像很多学者一样试图回答“什么是意义”的时候，尝试找到可能的答案都以失败而告终，这非常让人沮丧，所以他用另外的提问方式：为了理解一种外语的说话者，解释者需要充分知道的是什么以及如何知道它。[①] 这种提问方式的转换使得在讨论意义理论的时候，不必再执着于讨论“意义”这个语词本身，或者至少不必执着于讨论语词或者语句本身所具有的意义，而是提供了讨论意义理论的新方式：在说明语句构成成分意义以及语言语义学结构的基础上，组合性的说明语句的意义。这样做的好处是使得语言的意义这个问题独立出来可以单独讨论，而无须陷入无穷无尽的意义概念的分析之中，这就使得意义理论可以摆脱模糊的意义概念本身所带来的纠缠，从而使构建合适的自然语言意义理论成为可能。同时戴维森的组合性意义理论使得无论是哲学家还是语言学家在理解语词或者表达式的时候，不得不承认语言的组合性特征，自然语言的组合性成为语言研究和意义研究的中心话题。

二　整体性原则

组合性意义理论要求语句的意义必须依赖于语句构成成分的意义，接下来的问题是：语词的意义如何构成语句的意义。例如在语句“忒厄特图斯（Theaetetus）飞翔”中，我们要知道语句“忒厄特图斯（Theaetetus）飞翔”的意义，需要知道“忒厄特图斯”和“飞翔”的意义，辅以适当的意义理论，我们如何能解释语句“忒厄特图斯（Theaetetus）飞翔”的意义。问题是我们如何解释语词“忒厄特图斯”和“飞翔”的关系，它们之间的组合关系是模糊不清楚的，为了解释这种关系必然会导致无穷倒退。

① Ernie Lepore & Kirk Ludwig, *Donald Davidson-Meaning*, *Truth*, *Language and Reality*, Oxford: Oxford University Press, 2007, p. 36.

面对这个问题，戴维森给出的方案是：放弃语词具有独立意义这个公设，回归某种整体论的意义理论，“既然对意义做出公设这一点毫无所获，就让我们返回到那种见解上。那种见解所指向的一个方向便是某种整体论的意义观”①。整体论强调语词不具有独立的意义，语词只有作为语句的一部分才有意义，语词的意义依赖于其出现的语句的意义；单独的语句也不具有意义，语句的意义依赖于整体语言的意义，“如果语句依赖于它们的结构（对于它们的意义来说），并且我们把这种结构里的每个词项的意义理解为从该词项作为其中成分的那些语句的整体中抽取出来的东西，那么，我们只有通过给出那种语言中的每个语句（和语词）的意义才能给出任何一个语句（或语词）的意义”②。语词意义依赖其出现的相关语句，语词出现的语句就是语句的语境；语句的意义依赖整体语言，依赖语言的整体语境。

戴维森的整体论原则继承了分析哲学一个重要的原则：语境原则。语境原则最早始自弗雷格，“弗雷格说，只有在语境中，一个语词才具有意义；他也许还会以同一个口吻补充说，只有在语言语境中，一个语句（因而一个语词）才会具有意义”③。弗雷格认为必须在句子的联系中研究语词的意谓，一个词只有在句子中才有意义；戴维森继续弗雷格的路子走下去，认为语句只有在语境中才有意义。语境原则把语句作为意义的基本单位，改变了传统逻辑从语词的概念入手进行判断推理的路径，使得我们不能单独考虑语词或概念的意义，意义的研究必须从语句出发，语词或概念只有作为语句的构成部分才有意义。对戴维森整体论原则影响最大的是蒯因（Willard Van Orman Quine）的整体论思想。蒯因在《经验主义的两个教条》中详细论述

---

① ［美］唐纳德·戴维森：《真理与意义》，唐纳德·戴维森：《对真理与解释的探究》，牟博、江怡译，中国人民大学出版社 2007 年版，第 34 页。

② Donald Davidson, *Inquiries into Truth & Interpretation*, Oxford: Clarendon Press, 2001, p. 22.

③ Ibid..

了其整体论思想。蒯因认为，现代经验主义存在两个教条，其中一个就是每一个有意义的陈述都可以还原为经验陈述。这样的还原论假定，每一个陈述都可以孤立的与经验进行对照，“把每个陈述从它的同伴分离出来孤立地看，它真是能够容许验证或否证的”①。蒯因认为，讨论经验意义时，既不能以语词为单位，也不能以陈述为单位，而应该以整个科学为整体来加以讨论，“我认为我们关于外部世界的陈述不是个别地、却仅仅作为一个有组织的整体来面对感觉经验的法庭的”②。蒯因将弗雷格的语境原则更进一步，“弗雷格开始认识到，要对经验论者的批评负责的单位是陈述。但我现在极力主张的是，即使以陈述为单位，我们也已经把我们的格子画得太细。具有经验意义的单位是整个的科学”③。整个科学是一个人工制造物，类似于一个由各个陈述逻辑上相互连接构成的网络结构。各个陈述并不各自独立与经验相关联，而是这张大网整体上与经验相对应，只有这张网的边界同经验亲密接触，同经验对照。边界处同经验的冲突迫使网络中某些陈述做出调整，一些陈述的调整将会引起与之有逻辑相关性的相关陈述的一系列调整，最终会影响到整个网络，“一些陈述的再评价使得其他陈述的再评价成为必要，由于它们在逻辑上相互联系……如果已经重新评定一个陈述，我们就得重新评定其他某些陈述，它们也许是和头一个陈述逻辑地联系起来的陈述，也许是关于逻辑联系自身的陈述”④。任何特殊的经验与网络内的任何特殊陈述都没有关联，经验与陈述之间的关联是经验整体与陈述整体之间的关联，此时单独谈一个一个陈述而脱离整体的语言背景是不合适的。

蒯因的整体论思想有强烈的维特根斯坦的影子，维特根斯坦在《逻辑哲学论》论述语言作为世界的图像与实在相联系时认为：“图

---

① ［美］蒯因：《经验主义的两个教条》，马蒂尼奇主编：《语言哲学》，牟博、杨音莱、韩林合等译，商务印书馆1998年版，第58页。

② 同上。

③ 同上书，第59页。

④ 同上。

像就是这样依附于实在的，它直接触及实在。它就像一把衡量实在的标尺。只有分度线的端点才真正接触到被测量的对象。”① 不同于维特根斯坦的语言图像的稳定性，蒯因的陈述网络是可以不断调整以适应经验事实，甚至连逻辑规律也是可以调整的，而这是早期维特根斯坦不可接受的。戴维森基本继承了蒯因的整体论思想，并把整体论作为其意义理论的基本原则。

第二节 （T）模式意义理论：从内涵语境到外延语境

戴维森考察研究了哲学史上几种可行的意义理论模式，在此基础上提出了意义论的新模式：（T）模式意义理论。

一 从［M］模式到［M′］模式

戴维森仔细考察了弗雷格意义理论，发现其无法说明如何根据语句构成成分的意义解释语句的意义，其并不满足意义理论的组合性要求，可行的一种解释方案是：

s 意谓（means）m

其中，“s”被一个语句的结构性描述短语所代替，“m”被一个单称词项所代替，这个单称词项指称语句 s 的意义。戴维森认为：“这种程度的整体已经隐含在这样一种建议当中，即必须从一种适当的意义理论中衍推出一切形如‘s 意谓（means）m’的语句。”② 这个公式可解释为，给定一个特殊语句 s，通过该公式推出“s”的意义是“m”。通过所有形如“s 意谓（means）m”的语句我们就可以给出所有语句的意义。“m”可被一个单称词项所代替，此时语句 s 的意

① ［奥］路德维希·维特根斯坦：《逻辑哲学论》，贺绍甲译，商务印书馆 2002 年版，第 29 页。

② Donald Davidson, *Inquiries into Truth & Interpretation*, Oxford: Clarendon Press, 2001, p. 22.

义就变成单称词项 m 所指称的东西，问题的焦点就由语句 s 的意义转移到单称词项 m 的指称上来。如何解释“m”的指称？可行的方案是设定一个内涵性实体，以此作为“m”的指称，最终解释语句 s 的意义。但是这又回到了戴维森批评的设定内涵性实体作为语词指称的老路上，戴维森认为：“求助于语句的意义就如同救助于语词的意义一样无济于事，所以，让我们看一看是否我们能摆脱那些令人烦恼的、被设想为替代‘m’并指称意义的单称词项。”①

如何修改以消除单称词项“m”？最直观的答案是，用一个语句 p 代替单称词项 m，此时就可以摆脱让人烦恼的单称词项，此时，我们得到新的公式［M］：

［M］ s 意谓（means）p

其中，“s”被语句的结构性描述短语所代替，“p”被一个语句所代替，用语句 p 解释语句 s 的意义。戴维森的目标是为自然语言建立合适的意义理论，如果使用［M］模式为自然语言构建意义理论，所面临的问题是无法有效说明在具体的使用语句 s 的场合中语句 s 的意义，这个问题在后文将会重点说明，同时［M］模式最大的问题是不合语法，因为语句 p 不是名称，不能直接作为语句的一个构成成分出现，于是，公式［M］不得不被修改为新的公式［M′］：

［M′］ s 意谓（means）（that）p

这里增加了一个新的语句构成部分“that”，谓词“意谓”后面跟随的就不是一个语句 p，而是一个由“that”引导的一个宾语从句：that p，这样的公式是合乎语法的。公式［M′］表明语句 s 的意义就是语句 p 的意思，即语句 s 和语句 p 具有相同的意义。［M′］模式相对于［M］模式来说最大的优势在于能更好地说明自然语言具体使用语句时的情景中语句的意义，我们说明的不是表达式自身的意义，而是在具体使用语句的时候它的意义；同时该模式对于形式化构建意义

① ［美］唐纳德·戴维森：《真理与意义》，唐纳德·戴维森：《对真理与解释的探究》，牟博、江怡译，中国人民大学出版社 2007 年版，第 34 页。

理论也更有优势。［M′］模式中我们无须假定一个内涵性的实体作为语句的意义，而是把语句 s 的意义归结为语句 p，或许我们可能需要新的语句来解释语句 p 的意义，但是这毕竟走出了重要的一步：摆脱了单称词项 m，摆脱了使用内涵实体来解释语句的意义，这是走向戴维森（T）模型的重要一步。

但是，公式［M′］存在的问题是：如何理解谓词“意谓（that）”。因为，在公式［M′］当中，消除了单称词项 m，语句 s 的意义不再是单称词项指称的内涵性实体，不说语句 s 的意义是什么（例如某个实体），而指出语句 s 和语句 p 具有相同的意义。如何理解语句 s 和语句 p 具有同样的意义，关键点就是对于谓词“意谓（that）”的理解。戴维森认为：“处理关于显然是非外延的‘意谓（that）’的逻辑过程中，我们会遇到与我们的理论设法要解决的哪些问题同样困难的（或许是相同的）问题。”① 普拉次认为，这种理解方式中，处理谓词“意谓（that）”存在如下三方面问题：

第一，在对谓词“意谓（that）”不加限制的情况下，它的使用范围太宽泛，不适合目前戴维森意义理论的目标；

第二，在对谓词“意谓（that）”加以限制的情况下（例如把它限定为在元语言中严格按照字面含义使用），这个表达式带来的必然是内涵式语境；

第三，用谓词“意谓（that）”解释语句的意义，这种内涵结构解释语句意义要求的逻辑系统过于复杂，将是不能获得的。② 对戴维森而言，此处的主要问题是第二个和第三个，特别是第二个，对戴维森而言，内涵语境是他竭力避免的。为何谓词“意谓（that）”带来的表达式必然是内涵式语境，这是因为“s 意谓（that）p”暗含的一个前提是 s 和 p 内涵相同，否则这个公式无法成立，例如公式“花儿

① Donald Davidson, *Inquiries into Truth & Interpretation*, Oxford: Clarendon Press, 2001, p. 22.

② M. Platts, *Ways of Meaning: An Introduction to a Philosophy of Language*, London: Routledge & Kegan Paul Ltd, 1980, pp. 52 – 53.

是红的”意谓（that）花儿是红的、“张三是有妇之夫”意谓（that）张三是已婚男人。这两个例子中，谓词“意谓（that）”连接的表达式具有相同的涵义，如下公式是不能成立的，例如“雪是白的”意谓（that）草是绿的，因为二者涵义不同。

二　（T）模式意义理论

［M′］模式中内涵谓词“意谓（that）”问题很多，如何摆脱这个麻烦的内涵谓词“意谓（that）”是戴维森下一步需要解决的问题。［M′］模式中内涵谓词“意谓（that）”连接语句与其意义解释，问题是谓词“意谓（that）”是否必不可少。谓词“意谓（that）”的主要作用是连接语句 s 和语句 p，仔细考察很容易发现连接词“意谓（that）”并不是语句 s 和语句 p 能够连接起来的关键因素，关键因素是语句 s 和语句 p 意义相同，即［M′］模式成立的前提是语句 s 与语句 p 意义相同。戴维森认为：“成功并不依赖于这种用于填充的连接词语，而依赖于它对之进行填充的东西。”① 既然谓词“意谓（that）”并不是公式成立的主要原因，其又是公式（4）遭受诟病的主要原因，能否放弃谓词“意谓（that）”而建立同样有效的意义理论？戴维森认为这样是可行的，因为对于语句 s，只要能给出 s 的意义匹配语句（代替 p），意义理论就已经起到它应起的作用。路德维希（Kirk Ludwig）认为组合性意义理论的重点是：“必须把隶属于左边被描述语句组成成分的公理与右边使用的元语言表达式系统地联系起来，以便我们能够使用公理使对象语言表达式产生出一个匹配语句，即一个意义相同的旧语句。如果右边的元语言语句只是被提及，则人们就能够在不知道对象语言语句的意义而只知道它们与一些其他语句具有相同意义的情况下认知这个理论。”② 意义理论起作

① ［美］唐纳德·戴维森：《真理与意义》，唐纳德·戴维森：《真理、意义与方法》，牟博选编，商务印书馆 2008 年版，第 22 页。

② ［美］柯克·路德维希主编：《唐纳德·戴维森》，郭世平译，复旦大学出版社 2011 年版，第 42 页。

用的方式是把语句 s 与给出语句 s 意义的代替 p 的语句匹配起来，使用什么谓词［谓词“意谓（that）”还是什么别的谓词］把二者匹配起来并不是问题的关键，所以戴维森提出了替代谓词“意谓（that）”的新方案：

> 作为最后一个大胆的步骤，让我们尝试以外延的方式处理由“p”所占据的地位：为了做到这一点，就要抛弃难解的“意谓（that）”，向代替“p”的语句提供一个恰当的语句关联词，而向替代“s”的描述语句提供它自己的谓词。看来合理的结果便是：
>
> “（T） s 是 t 当且仅当 p。”①

戴维森放弃谓词“意谓（that）”用新的谓词“是 t”把语句和给出它意义的语句“p”联系起来，从而通过定义谓词“是 t”，外延地说明语句意义，从而避免意义理论的内涵式困境。

用新的谓词“是 t”代替内涵谓词“意谓（that）”，以此构建的意义理论模式优势明显：首先，外延化方式可以在量化的基础上形式化说明“p”的代替规则，以此证明意义解释的正确性，而内涵谓词“意谓（that）”的形式化定义比较困难。其次，［M′］模式“s 意谓（means）（that）p”之中，用来代替“p”的语句只能是和语句 s 具有相同意义的语句，即使某语句与语句 s 指称相同或者真值相同，都无法用来替换公式中的“p”。这种意义解释方式将陷入一种循环论证：为了解释语句 s 的意义，我们需要寻找一个新的语句代替公式中的“p”；而能够代替公理中“p”的语句只能是和语句 s 具有相同意义的语句，为了寻找一个解释语句“s”意义的语句来代替“p”，我们需要先了解语句 s 的意义；而语句 s 的意义正是我们需要加以解释的内容，为了解释语句 s 的意义，我们首先需要了解语句 s 的意义，

① ［美］唐纳德·戴维森：《真理与意义》，唐纳德·戴维森：《对真理与解释的探究》，牟博、江怡译，中国人民大学出版社 2007 年版，第 35 页。

问题转了一圈又回到了原地，这样的解决方式无济于事。而用外延式的方法解释语句意义则可避免这个明显的问题，因为戴维森选择使用语句 s 自身作为解释其意义的匹配语句，使用谓词“是 t”连接语句 s 和它的同义语句，通过对谓词“是 t”施加足够限制就可以直接给出语句 s 的意义，这就避免了循环论证的问题。

如何通过（T）模式意义理论解释说明语句意义呢？戴维森认为：“我们对于一种语言 L 的意义理论所提出的要求是，在不求助于任何（进一步的）语义概念的情况下，这种意义理论对谓词‘是真的’赋予足够的限制，以便可以当‘s’为 L 中一个语句的结构描述语所替代、‘p’为该语句所替代时从 T 图式中衍推出所有的语句来。”① 戴维森希望通过界定和说明谓词“是 t”，以便能够从（T）模式中推出每一个具体的（T）语句，每一个具体的（T）语句解释和说明与其对应语句的意义：每一个具体的（T）语句把具体对象语言语句和其意义相同的元语言语句对应起来，用元语言语句解释对象语言语句的意义。

如何确定谓词“是 t”？什么样的谓词“是 t”满足要求呢？对戴维森而言，现成可用的工具就是塔尔斯基（Alfred Tarski）真理理论定义的真理谓词：约定 T，“令人满意的意义理论所提出的条件，在本质上就是塔尔斯基的约定 T（Convention T），它检验形式语义上的真理定义是否适当”②。戴维森以塔尔斯基真理理论为基础构建合适的自然语言意义理论。

第三节　塔尔斯基真理理论

“真理”这个概念可以说是哲学史上探讨最多的概念之一，也是引

---

① Donald Davidson, *Inquiries into Truth & Interpretation*, Oxford: Clarendon Press, 2001, p. 23.

② Ibid..

起争议最多的概念之一，究其原因是因为真理理论缺乏令人满意的真理定义。塔尔斯基认为真理理论的主要问题是给出一个令人满意的真理的定义，令人满意的真理定义必须是“一个内容上适当、形式上正确的定义”①。内容上适当的定义，指的是定义的目的并不是要表达出关于真理这个概念的新的观念和看法，而是要把握这个概念中固有的实际意义。定义只是把我们长期以来对这个概念的普通理解和用法明确表示出来，而不是要在超乎人们的日常理解基础之上说明一种新的关于真理的观念，真理的定义需要反映出我们对这个概念的朴素的直觉；形式上正确的真理定义，指的是“我们必须确定这个定义在形式上的正确究竟是由什么决定的”②，即我们对真理的朴素理解需要以正确的形式表达出来，具体说就是需要说明用来定义真理概念的语言的形式结构，明确界定相关语词的意义以及这个定义所遵循的形式规则。因为我们的自然语言是不精确的自然语言，这种语言表述的真理定义必然会导致我们对真理概念的理解出现误差，甚至出现悖论。

谓词“真的”可以在众多不同的场合使用，它的外延非常广泛，塔尔斯基只研究“真的”这个谓词应用于语句的情况，具体来说就是只研究对语境不敏感的陈述语句的真。塔尔斯基这种处理方式典型的属于人工语言学派思路，人工语言学派大多致力于逻辑分析对语境不敏感的陈述语句，其他语句一概不予关注。塔尔斯基希望“所讨论的真理概念放在语义学概念之中，而且给真理下定义的问题被证明与建立理论语义学的基础这个更一般的问题紧密相关”③。具体来说，就是通过对词项“真的”的相关使用和语义学基础的澄清和说明来建构真理定义。

塔尔斯基首先说明我们对真理的直觉应该包含哪些内容。塔尔斯基认为，我们对真理的直觉很大一部分来自于亚里士多德的真理定

---

① ［美］A. 塔尔斯基：《语义性真理概念和语义学的基础》，马蒂尼奇主编：《语言哲学》，牟博、杨音莱、韩林合等译，商务印书馆1998年版，第82页。

② 同上。

③ 同上书，第87页。

义。亚里士多德在《形而上学》中指出："把是的东西说成不是，或把不是的东西说成是，这便是假的；而把是的东西说成是，或把不是的东西说成不是，这便是真的。"真理符合论把这些直觉内容表述为我们更为熟悉的模式：一个语句是真的，在于它与事实相一致（或相符合）。尽管存在着众多的真理定义，但是塔尔斯基认为这些定义都不能够让人满意，都可能引起人们的误解，需要为我们的直觉看法寻找一种精确的表述，即用更为精确的方式表述我们的真理直觉内容。

塔尔斯基以语句"雪是白的"为例，考察这个语句在何种情况下是真的，何种情况下是假的。很明显，如果雪是白的，那么这个语句就是真的；反之，如果雪不是白的，这个语句就是假的。这就是我们对这个句子真假的直觉内容，真理的定义必须反映这些内容，所以真理定义必须蕴含如下等值式：

"雪是白的"为真，当且仅当雪是白的。

这个等式的右边是语句本身；左边是由"雪是白的"这个句子加引号构成的语句名称。因为句子的主语只能是名称，不能是句子本身，所以公式的左边是用语句本身构造的语句名称。如果一般化上述等值式，就可以形式化表达出我们对真理的直觉内容：

（T）X 是真的，当且仅当 p。

其中，"p"由语言中任意的一个"真的"这个谓词指称的语句所代替，"X"由这个语句构成的语句名称所代替。塔尔斯基把这个等式称为"（T）型等值式"。（T）型等值式并非简单语句，而是一个语句范型，我们使用任何一个真语句代替"p"，用该语句的名称代替"X"，都能够从该公式推出一个特殊的（T）型等值式。一般来说，特殊的（T）型等值式"可以看作是真理的部分定义，它解释了单独一个句子为真在于什么地方"[①]。所有部分定义［特殊（T）型等值式］的逻辑合取（logical conjunction）定义了真理，"我们希望以

① Alfred Tarski, "The Semantic Conception of Truth and the Foundations of Semantics", P. Martinich, *The Philosophy of Language*, Oxford: Oxford University Press, 1996, p. 63.

这样一种方式使用词项‘真的’：所有（T）型等值式都能被断定，并且，我们将称一个真理的定义为‘适当的’，如果所有这些等值式都是从它推导出来的”[①]。（T）型等值式就是我们通常真理观念的精确表述形式，它被称为“约定（T）”，满足约定（T）的真理定义都是实质上适当的真理定义。戴维森认为，T语句本身并没有定义真理概念，T语句整体表明了谓词“真的”是怎么回事；每一个T语句描述了一个谓词“真的”出现在其中的具体语句，T语句全体恰好确定了谓词“真的”的外延范围，“约定T所提供的是关于真理概念的非形式的直觉到明确地陈述问题的转变”[②]，使得我们可以借助于约定T把对真理概念的直觉性内容转换为明确的形式化结构。约定（T）从外延的角度确定真理的概念，塔尔斯基通过约定（T）完成了真理定义的第一部分工作，即给出了真理定义内容的适当性标准，精确地给出了需要形式化界定的内容。

戴维森认为，T语句通过详细阐述每一个使用真理谓词的实例来说明真理概念，语言中使用真理谓词的语句是无限的，所以真理概念要想通过T语句发挥作用，必须说明语言的结构特性，即用有限的方式说出无限的语句如何组合产生。同时真理定义还需要说明用何种语言建立真理定义，所以回答了真理定义的适当性内容之后，塔尔斯基需要回答的问题是：使用何种语言如何建构真理定义。

塔尔斯基认为：“仅仅是对于那些具有被精确规定其结构的语言来说，这里的定义问题才获得了一个精确的意义，并且才可能以一种严格的方式得到解决。”[③] 目前来看，自然语言并不能满足需要，唯一具有精确结构的语言是各种演绎逻辑系统的形式化语言。这种语言

① ［美］A. 塔尔斯基：《语义性真理概念和语义学的基础》，马蒂尼奇主编：《语言哲学》，牟博、杨音莱、韩林合等译，商务印书馆1998年版，第86页。

② ［美］唐纳德·戴维森：《为约定T辩护》，唐纳德·戴维森：《对真理与解释的探究》，牟博、江怡译，中国人民大学出版社2007年版，第84页。

③ ［美］A. 塔尔斯基：《语义性真理概念和语义学的基础》，马蒂尼奇主编：《语言哲学》，牟博、杨音莱、韩林合等译，商务印书馆1998年版，第90页。

仅仅关涉表达式的形式，并不关注表达式的具体内容，所以这样的语言是满足真理定义需要的形式化语言。形式化的演绎逻辑系统具有精确的语言结构，塔尔斯基认为这样的逻辑系统就是真理定义需要的形式化语言，而自然语言显然不满足这样的要求。塔尔斯基以“说谎者悖论”为例，分析了自然语言存在的问题，在此基础上改造自然语言进而建立适合于真理定义的形式语言系统。

说谎者悖论历史悠久，存在众多不同的表述版本，塔尔斯基在文中采用了如下表述版本：“印在本书第 90 页第 16 行的句子不是真的。”①说谎者悖论存在着明显的自我指涉，塔尔斯基文中的“印在本书的第 90 页第 16 行的句子”就是句子“印在本书第 90 页第 16 行的句子不是真的”。如果我们用“S”代替这个语句，则可得到如下（T）公式：“S”是真的，当且仅当印在本书第 90 页第 16 行的句子不是真的。

因为“印在本书的第 90 页第 16 行的句子”就是句子“印在本书第 90 页第 16 行的句子不是真的”，所以“印在本书的第 90 页第 16 行的句子”和语句 S 是同一个语句，由此可以得到：“S”是真的，当且仅当 S 不是真的。这是一个明显的矛盾，此处谓词“真的”明显出了问题。如何解决这个问题，塔尔斯基分析了导致说谎者悖论的前提假设，希望通过改造悖论发生的前提消除悖论。塔尔斯基认为说谎者悖论中存在以下三个假定性前提：

（1）语义封闭的语言。论述悖论的自然语言不但包括语言表达式，而且包括表达式的名称，还包括指称语句的语义学词项（如“真的”），自然语言中这些不同的内容被混淆在一起，从形式上无法区分开来。

（2）假定通常逻辑规律是有效的。说谎者悖论的推理基于我们通常的逻辑规律，是在接受通常逻辑规律并假定其正确的前提下推出了说谎者悖论。

---

① ［美］A. 塔尔斯基：《语义性真理概念和语义学的基础》，马蒂尼奇主编：《语言哲学》，牟博、杨音莱、韩林合等译，商务印书馆 1998 年版，第 90 页。

（3）允许存在自我指涉。[1]

塔尔斯基认为三个前提中，（3）不是必需的，因为即使不存在（3）这个前提，也同样可以构建说谎者悖论。前提（1）和（2）是必需的，要想解决说谎者悖论，必须放弃其中至少一个。放弃前提（2）意味着这我们要放弃我们现行的逻辑体系，甚至根本上改变我们的逻辑规则，放弃前提（2）代价过大，这是我们不能接受的。所以塔尔斯基认为应该放弃前提（1），即改造语义封闭的自然语言。

语义封闭的自然语言允许自我指涉，这是塔尔斯基认为自然语言不精确的原因之一。例如在说谎者悖论中语句和语句名称混为一谈："印在本书第90页第16行的句子"这个表达式既是一个语句，也是一个语句名称。当我们把"印在本书第90页第16行的句子"视为一个语句名称的时候，它指称的是"印在本书第90页第16行的句子"；当我们把它视为语句的时候，它指的是"印在本书第90页第16行的句子不是真的"。由于"印在本书第90页第16行的句子"既可以是一个句子，也可以是句子名称，它是不确定的，所以语句"印在本书第90页第16行的句子不是真的"，谓词"不是真的"的对象也是不确定的。假定"印在本书第90页第16行的句子"这个表达式作为语句名称使用，指称的是印在本书第90页第16行的那个句子，即语句"印在本书第90页第16行的句子不是真的"，那么语句"印在本书第90页第16行的句子不是真的"就是对自身做出真值断定，这种自我指涉也被很多人认为是出现悖论的一个重要原因。

塔尔斯基的解决方案是系统改造自然语言，使之成为具有精确结构的形式语言，消除悖论中出现的不确定性。具体来说，塔尔斯基区分元语言和对象语言，"既然我们已经同意不使用语义学上封闭的语言，我们就不得不使用两种不同的语言来讨论真理定义问题以及更加广泛地讨论语义学领域内的任何问题。第一种语言是'被谈论'的

[1] ［美］A. 塔尔斯基：《语义性真理概念和语义学的基础》，马蒂尼奇主编：《语言哲学》，牟博、杨音莱、韩林合等译，商务印书馆1998年版，第90—92页。

语言，是整个讨论的题材；我们所寻求的真理定义是要应用到这种语言的语句上去的；第二种语言是用来‘谈论’第一种语言的语言，我们尤其希望用它来为第一种语言构造真理定义。我们将把第一种语言称为‘对象语言’，把第二种语言称为‘元语言’”①。塔尔斯基认为，真理定义以及所有（T）型等值式都必须用元语言来表述，所以塔尔斯基规定只有元语言能断定对象语言语句的真值，对象语言不能断定自己的真值，这就避免了说谎者悖论中的自我指涉，避免出现类似说谎者悖论语句。只要元语言足够丰富，足以为每个对象语言语句提供相对应的元语言语句，那么我们就可以为每个对象语言语句建立相对应的T语句，全部的T语句整体上就定义了真理概念。

塔尔斯基真理理论的一个巨大贡献是提供一个判定递归真理定义是否实质充分的标准：即拥有全部的T语句。如果这个标准被满足，则真理谓词外延含有且仅含有全部的对象语言真语句。当对象语言语句所对应的元语言语句是真的，实质充分的真理定义保证任何真理谓词应用的语句都是真的。任何满足塔尔斯基约定T的真理谓词，其外延必然包含全部的真语句。塔尔斯基真理理论用外延的方式刻画了真理谓词，精确地表达了我们对真理概念的直觉内容。

如何形式化刻画真理定义？戴维森认为：“约定T和T—语句提供了直觉上很明显的关于真理概念的真理与形式语义学之间的唯一联系。”② 通过说明T语句与形式语言之间的关系，自然可以定义真理概念。塔尔斯基给真理概念下定义不能使用“真的”这样的词汇，所以塔尔斯基使用另外一个语义学概念“满足”来定义真理，“定义真理的最简单和最自然的方式是通过满足这个概念，这便对他把真理概念称做一种语义概念做出了解释”③。“满足”这个概念是形式语义

① ［美］A. 塔尔斯基：《语义性真理概念和语义学的基础》，马蒂尼奇主编：《语言哲学》，牟博、杨音莱、韩林合等译，商务印书馆1998年版，第90—93页。

② ［美］唐纳德·戴维森：《为约定T辩护》，唐纳德·戴维森：《对真理与解释的探究》，牟博、江怡译，中国人民大学出版社2007年版，第84页。

③ 同上书，第85页。

学中常用的一个概念，最早来自于弗雷格的真值函项。“满足”描述的是任意个体对象与语句函项之间的关系：如果个体对象填充语句函项得到一个真语句，则称该对象满足这个语句函项。塔尔斯基利用递归的方式形式化刻画了“满足”概念：首先，塔尔斯基用公理规定如何满足简单函项；其次，通过推到规则形式化规定满足复合函项。复合函项是由简单函项逻辑构造产生，所以复合函项的满足条件根据其构成成分的简单函项的满足条件构造出来。语句是特殊的函项：自变量个数为0的开语句，所以塔尔斯基用满足函项的方式定义真：“把‘真’作为‘满足’的特例，这也就是说，若一个闭语句为所有对象所满足时，该语句为真；若该语句不为任何对象所满足时，该语句为假。”①

塔尔斯基从语义学的角度定义真理概念，他认为这个定义不但形式上正确，而且内容上是实质适当的，符合真理定义的两个条件。塔尔斯基同时认为，真理定义工作对语义学中的其他重要概念同样具有启发意义，“比如我们熟悉的一些重要概念：推论概念、同义概念和意义概念”②。真理语义学最自然也是最有前途的应用就是对自然语言的经验研究，这也是戴维森使用塔尔斯基真值语义学所做的工作。

第四节　真理与意义：（T）模式意义理论的可行性

戴维森认为，塔尔斯基的真理概念为合适的意义理论提供了精致而强有力的基础，使用塔尔斯基真理理论可以构建合适的意义理论。之所以如此是因为对意义理论来说重要的是找到解释对象语言语句意义的语句，具体就T模式来说重要的是找到元语言中与对象语言语句

① 牟博：《戴维森》，涂纪亮编：《当代西方著名哲学家评传》（第一卷），山东人民出版社1996年版，第134页。

② ［美］A. 塔尔斯基：《语义性真理概念和语义学的基础》，马蒂尼奇主编：《语言哲学》，牟博、杨音莱、韩林合等译，商务印书馆1998年版，第99页。

匹配的元语言语句，塔尔斯基真理理论事实上匹配对象语句与翻译了它的元语言语句，元语言语句解释对象语言语句的意义，看起来塔尔斯基真理理论正是意义理论需要的知识。所以戴维森认为："如果语言L的意义理论包含对L的真理概念的（递归）定义，那么，这一理论便说明'语句意义依赖语词意义的方式。'"[①] 路德维希认为塔尔斯基的真理理论说明了语句的组合性问题，"通过检查一个T—定理的证明，我们就可以看出一个对象语言语句的组成部分是如何对它的解释性真值条件做出系统性贡献的，并且因此就能够获得对它的组合结构的这样一种洞见，即它的组合结构与这样一些条件有关，在这些条件下，根据他的组成部分的意思，它是真的。就是在这种含义上，一种真理论可以充当一种组合性意义理论的工具"[②]。所以，在塔尔斯基真理定义的基础上，加上适当的约束就可以构建合适的意义理论。

戴维森能够使用塔尔斯基真理概念解释语言意义，是因为对语言意义的探讨离不开真理概念。从弗雷格开始，对意义的探究就同真理概念密切联系：弗雷格从涵义走向指称的过程就是走向真的过程，对涵义的说明依赖于句子的真。戴维森认为塔尔斯基的真理定义与意义理论之间的联系如下："这种联系是：那种定义通过对每个语句的真实性给出充分必要条件而起作用，而给出真值条件也正是给出语句意义的一种方式。知道一种语言的语义性真理概念，便是知道一个语句（任何一个语句）为真是怎么一回事，这就等于理解了这种语言。"[③] 具体来说，塔尔斯基的（T）公式（T：X是真的，当且仅当p.）给出了对象语言语句的真值条件：X的真值条件是p。语句p解释了X所代表的对象语言语句的真值条件，由于元语言是足够实质丰富的，

① ［美］唐纳德·戴维森：《真理与意义》，唐纳德·戴维森：《对真理与解释的探究》，牟博、江怡译，中国人民大学出版社2007年版，第36页。

② ［美］柯克·路德维希主编：《唐纳德·戴维森》，郭世平译，复旦大学出版社2011年版，第45页。

③ ［美］唐纳德·戴维森：《真理与意义》，唐纳德·戴维森：《对真理与解释的探究》，牟博、江怡译，中国人民大学出版社2007年版，第36页。

所以对任意对象语言语句来说，总有对应的T语句解释其真值条件，元语言总存在对应的语句描述对象语言语句为真时的情形。塔尔斯基真理理论中每一个对象语言语句对应的T语句都给出了对象语言语句的真值条件，通过给出对象语言语句相对应的T语句来描述对象语言语句的真值条件，既匹配了对象语言语句和解释其意义的元语言语句，同时保证对象语言语句和元语言语句在相同构成成分的基础上用相同的方式结合而成，满足意义理论的组合性要求。同时，由于塔尔斯基真理定义是实质充分的真理定义，所以塔尔斯基的真理定义中包含所有的T语句。这就意味着塔尔斯基真理理论给出了所有对象语言语句的真值条件，而不是单独给出某些对象语言语句的真值条件，满足了戴维森意义理论的整体性要求，所以戴维森认为塔尔斯基真理理论"提供了我们迄今为止对意义理论所要求的全部东西"①。

戴维森使用塔尔斯基真理理论构建的T模式意义理论相对于其他意义理论优势明显。

第一，使用塔尔斯基的真理理论的T模式意义理论与意义指称理论相比较而言更少受到语言模糊性的干扰。意义指称理论更多关注语言的指称问题，这使人们的关注点从使用语言谈论世界转移到关注谈论世界的语言，其重点变成研究语言自身的指称问题；T模式意义理论使用对象语言语句为真时的情形解释其意义，这使得人们从对语言自身指称的关注回归到对语言所描述的世界的情形上，这个转变使得意义理论的研究方式从研究语言转移到研究语言所描述的世界上，世界相对语言而言更具客观性，这样的意义理论具有更多的可观察性，减少了语言模糊性对理论的干扰。

第二，戴维森认为使用塔尔斯基真理理论构建意义理论的最大的好处是："可以认为约定T清楚地表达出语言哲学中的某些很棘手的问题；如果按这种方式来理解约定T，便可导致获得一些具有显著优

① ［美］唐纳德·戴维森：《真理与意义》，唐纳德·戴维森：《对真理与解释的探究》，牟博、江怡译，中国人民大学出版社2007年版，第36页。

点的解决办法。"[①] 使用约定 T 作为工具构建意义理论，使得语句的意义这个以前很模糊的问题被清楚地表述出来。戴维森认为意义问题一直是很清楚的，即一个语句或者表达式为真意味着什么，但是长期以来的研究模式总是要预设一个与语句对应的外在实体作为语句的意义，其存在使得语句为真；同时真理概念依赖于语言与某种实体（例如事实或者事体）之间的关系（描述关系或者对应关系）。用语句整体与事实的对应来说明语句的意义是一种很自然的看法，但问题是这种看法并没有得到充分的检验，特别是其中的"事实或者事体"等相关概念，"我们用它来解释一切，而当我们说明它时，它会要么琐碎要么空洞无物"[②]。所以，寻找一个和语句对应的事实是一件很麻烦也极其容易引发混乱的工作。即使找到和语句对应的事实来解释语句何以为真，如何表达这个事实也是问题，因为同一个事实有许多不同的表达方式。所以同一个语句对应的是有无限多种表述方式的事实，要想了解这些不同的表达方式，就需要了解更多的内容，最终的结果将是如果一个语句对应一个事实，则它对应全部的事实，对应事实的整体。这样的对应是模糊和混乱的，并不是我们希望的构建意义理论的方式。所以，设定外在实体作为语句意义的对应物，既不充分也不必要，而且这种对应还是空洞模糊的。相对而言，约定 T 使用真值条件解释语句意义，回答"一个语句或者表达式为真意味着什么"时无须设定语句对应的实体（事实或者事体）、无须描述语句和事实的符合，"一种真理理论可以在不必找出具有真理性质的语句有差别地相符合的种种实体的情况下表征真理这种性质"[③]。仅仅通过 T—语句就暗示性的解释了语句意义。真理理论给每一个对象语言语句建立其对应的具体 T 语句，解释对象语言语句的意义，从而避免引起语言

① Donald Davidson, *Inquiries into Truth & Interpretation*, Oxford: Clarendon Press, 2001, p. 71.

② Ibid., p. 37.

③ ［美］唐纳德·戴维森：《为约定 T 辩护》，唐纳德·戴维森：《对真理与解释的探究》，牟博、江怡译，中国人民大学出版社 2007 年版，第 88 页。

意义的混乱和模糊。

第三，塔尔斯基真理理论能够有效服务于组合性意义理论。塔尔斯基真理理论系统地说明如何在初始词汇的基础上，根据有限的逻辑规则构成复合表达式。对语言的这种结构说明同时有利于说明如何根据语句构成部分理解语句的意义，组合性的真理理论能更好地为组合性意义理论服务。塔尔斯基真理理论中，所有的表达式都是在有限的初始词汇基础上，根据有限的语法规则产生。通过检查对象语言语句如何由初始词汇根据相关的变形规则得出，就可以了解各部分对语句真值条件的贡献：了解语句各构成部分的意思，根据语句的组合模型，我们就可以洞悉它为真的情形，这就解释了语句的意义。具体来说，“通过检查一个 T—定理的证明，我们就可以看出一个对象语言语句的组成部分是如何对它的解释性真值条件做出系统性贡献的，并且因此就能够获得对它的组合结构的这样一种洞见，即它的组合结构与这样一些条件有关，在这些条件下，根据他的组成部分的意思，它是真的”[①]。组合性意义理论需要的是在初始词汇的基础上，根据有限的推理规则，说明每个对象语言语句的意义，塔尔斯基真理理论满足组合性要求，因此根据塔尔斯基真理理论，我们能清楚说明语句的意义而无须引进其他不必要的容易引起纷争和困扰的无关内容。

第四，塔尔斯基真理理论在服务于用自然语言描述自然语言语义学方面做得最好。戴维森认为理解自然语言是我们研究哲学和意义理论无法回避的问题，提出一种用自然语言表述的关于自然语言的理论是语义学理论无法规避的目标。长期以来的普遍看法是由于自然语言的范围过于宽泛，用自然语言表述关于自然语言的理论必然会导致悖论。塔尔斯基就坚持此种看法，他认为：“口头语言所持有的一个特征……便是它的普遍性（universality）。如果在其他某种语言里出现的

① ［美］柯克·路德维希主编：《唐纳德·戴维森》，郭世平译，复旦大学出版社2011年版，第45页。

一个词不能被翻译成这种语言，这便与该种语言的精神不相协调；可以提出这样一个断言：‘如果我们真能谈论任何事情，那么我们也能用口头语来谈论他。’如果我们在语义学研究方面坚持日常语言的这种普遍性，那么，为了相容，除了这种语言本身的语句和表达式之外，我们还必须把这些语句和表达式的名称、包含这些名称的语句以及诸如‘真语句’……之类的语义表达式纳入这种语言。”① 按照塔尔斯基的说法，一旦自然语言中允许这一切内容，必然导致类似说谎者悖论之类的矛盾。为了使用塔尔斯基的真理理论为自然语言建立相应的真理理论，我们必须修改自然语言。在修改自然语言以便为其建立形式化真理理论方面，戴维森认为：“如何尽可能少地放弃那种理想，而在这里，约定 T 所容许的理论似乎在一些很重要的方面是最理想的。”② 塔尔斯基的真理理论不使用与真理谓词“真的”有关的语义学概念，真理理论需要的仅仅是与真理谓词使用有关的结构特征，这就避免了自然语言中引入过多语义学概念而造成的语义学上的矛盾。戴维森认为，要点在于：“这里不过是要求一种真理理论，这是实质所在。”③ 塔尔斯基真理理论使用元语言定义对象语言，由于元语言是足够丰富的，所以元语言包含对象语言的全部内容，所以对象语言的本体论设置全部包含在元语言的本体论之中。此时我们使用自然语言描述自然语言就无须改动作为元语言的自然语言的本体论设置，最好地保持了自然语言的自然状态，使其符合我们普通的对自然语言的理解，避免过分逻辑化而导致自然语言完全变成与我们日常语言相对的一种语言系统，从而远离了我们的日常经验。同时，塔尔斯基认为自然语言之间是可以相互翻译，根据约定 T 的要求，对象语言的每一个语句，在元语言内都存在着对应的翻译，自然语言的这个特

---

① ［美］唐纳德·戴维森：《为约定 T 辩护》，唐纳德·戴维森：《对真理与解释的探究》，牟博、江怡译，中国人民大学出版社 2007 年版，第 90 页。

② 同上书，第 88 页。

③ Donald Davidson, *Inquiries into Truth & Interpretation*, Oxford: Clarendon Press, 2001, p. 72.

点正好适合于约定 T 的要求，用约定 T 的方式使用自然语言描述自然语言完全不存在这方面的问题。

塔尔斯基的真理理论是完全外延式的，自然语言是非外延式的内涵性语句，如何用外延式的约定 T 来处理自然语言的内涵性语义学特征，这就是 T 模式意义理论需要处理的问题。戴维森认为，这个问题怎么办，关键是看我们如何理解元语言。一方面根据塔尔斯基真理理论，元语言是足够实质丰富的，元语言必然存在每一个对象语言的语句所对应的翻译。如果对象语言是内涵性语句，那么对每一个内涵性对象语言语句来说，元语言中必然存在一个外延式的与其有相同真值条件的语句作为其元语言中相对应的语句。反过来看，有些元语言语句是没有对象语言语句与之对应的，这就是戴维森说的："在一种清楚的含义上元语言在表达力上优于对象语言"①。另一方面，戴维森根据华莱士（John Wallace）的看法，认为内涵性是"缺乏表达力的东西"，完全可以用外延性的真理理论提供我们关于内涵性语义概念的理解，用外延的约定 T 表述内涵性的自然语言是完全可行的。所以，我们可以使用比对象语言更丰富的元语言概念系统（自然语言）给对象语言（自然语言）构建真理理论，元语言概念系统完全可以用外延的方式表述内涵性的对象语言语句。

戴维森认为根据塔尔斯基真理理论可以为自然语言建立类似的真理理论，在此基础上可以为自然语言建立合适的意义理论。戴维森特别强调一种适用于自然语言的意义理论，它必须是经验的，而且是可检验的。因为"一种意义理论（在我那种稍微有所反常的含义上）便是一种经验理论，它的抱负便是对自然语言的活动方式做出解释"②。那么，根据约定 T 构造的意义理论是否是经验的，是否能够被检验呢？在《真理与意义》中，戴维森描述了经验的检验具体 T

① ［美］唐纳德·戴维森：《为约定 T 辩护》，唐纳德·戴维森：《对真理与解释的探究》，牟博、江怡译，中国人民大学出版社 2007 年版，第 91 页。

② ［美］唐纳德·戴维森：《真理与意义》，唐纳德·戴维森：《对真理与解释的探究》，牟博、江怡译，中国人民大学出版社 2007 年版，第 37 页。

语句的办法："就像任何一种理论一样，它也可以通过把它的某些结论同事实进行对比而得到检验。在现在这种情形下，这是易于办到的，因为这个理论被表征为生成无穷多的语句，其中每个语句都给出一个语句的真值条件；在一些样本情形下，我们只需询问，被这种理论断言为语句真值条件的东西是否真正存在。"[①] 戴维森早期坚持认为塔尔斯基的真理理论是一种真理符合论，所以要检验 T 语句也是按照符合论的方式同事实相对照进行检验。就每一个具体的语句来说，其相对应的 T 语句给出了它的真值条件，我们只需在现实中查证其真值条件是否存在即可。例如，以语句"雪是白的"为例，它相对应的 T 语句："'雪是白的'是真的，当且仅当雪是白的。"给出了语句的真值条件，我们只需查看现实中双向等值式右侧的"雪是白的"是否事实上为真即可检验这个 T 语句是否正确。尽管不是每个例子都这么简单，但是可能存在的困难只是应用方面的，不是理论本身的。所以，戴维森兴奋地宣布经验性意义理论"对于提出有关一种语言理论何时是正确的以及应如何对之进行检验这样一些深入的问题，提供了振奋人心的情景"[②]。

早期戴维森把塔尔斯基真理理论视为真理符合论，因此在检验 T 语句的时候，要求用符合论的方式和事实相对照进行检验，但后来戴维森放弃把塔尔斯基真理理论视为真理符合论的看法。在《为约定 T 辩护》中，戴维森认为仅仅根据形式方面来看，我们可以从约定 T 能够推出所有的 T 语句，也可以根据约定 T 从形式上验证每个 T 语句的逻辑结构，这样的角度看待约定 T 肯定不是经验的，当然也无法经受检验。而塔尔斯基也从未断言其真理谓词具有超出鉴别真语句之外的功能，把握区别于外延的意义并不是它的目标。戴维森认为只有把 T 语句与具体的语言使用者联系起来，约定 T 和意义理论才是经验的。

---

① ［美］唐纳德·戴维森：《真理与意义》，唐纳德·戴维森：《对真理与解释的探究》，牟博、江怡译，中国人民大学出版社 2007 年版，第 37 页。

② Donald Davidson, *Inquiries into Truth & Interpretation*, Oxford: Clarendon Press, 2001, p. 25.

塔尔斯基真理理论的元语言足够丰富，这足以保证对象语言的每一个语句都有相对应的元语言语句，以此为基础自然可以为每一个对象语言语句构建相对应的具体 T 语句，T 语句整体定义了真理理论。塔尔斯基的真理理论是形式化的逻辑系统，自然无法被经验所检验。而如果把真理理论同具体语言使用者联系起来，对具体使用者来说不存在一个足够丰富的元语言系统来，由此提供与具体每个对象语言语句相对应的“翻译”语句进而构建相对应的 T 语句。真理理论同具体使用者相联系，我们的关注重点不再是简单把对象语言语句和元语言语句匹配起来，而是首先要找到对象语言语句相对应的解释其意义的语句。此时关注的重点变成了在具体使用环节中，我们如何找到对象语言语句相对应的给出其真值条件的语句，即在具体使用者构建真理理论的时候，首先需要找到对象语句的真值条件，进而为对象语言构建真理理论。而找寻对象语言语句对应的元语言语句的过程就是解释对象语言语句真值条件的过程，套用塔尔斯基的术语就是找寻对象语言语句相对应的翻译语句的过程，所以这样的真理理论“可以产生出一种从对象语言到元语言的使用的翻译手册”①。每个对象语言语句的翻译语句都给出了对象语言语句的真值条件，从而解释了对象语言语句的意义。翻译对象语言语句的过程就是解释对象语言语句意义的过程，通过找寻每个对象语言语句对应的翻译语句，我们就可以为之构建相应的 T 语句，每个 T 语句都部分的定义了真理概念。全部的 T 语句作为整体界定了真理概念的全部外延范围，进而就用外延的方式定义了真理概念，构建了相应的真理理论。具体语言使用者建构每一个 T 语句的过程都是经验的发生的，都是可证实的，以这样的方式构建的真理理论自然是可证实的。每一个具体的 T 语句解释了其对应的对象语言语句的意义，所以构建真理理论的过程就是解释对象语言语句意义的过程。因此，“如果我们把 T—语句作为可证实的，那么一种

① ［美］唐纳德·戴维森：《为约定 T 辩护》，唐纳德·戴维森：《对真理与解释的探究》，牟博、江怡译，中国人民大学出版社 2007 年版，第 92 页。

真理理论就要表明我们如何能从真理概念转到某种类似于意义的概念上”①。由于这样构建的真理理论是可证实的，所以相对应的意义理论也是可证实的。

早期戴维森把塔尔斯基真理理论视为真理符合论，简单地把具体T语句同事实相对照来检验T语句的正确性，这明显是对塔尔斯基真理理论的误解，这一点在后文将会详细说明。而把真理理论从塔尔斯基的形式化逻辑体系发展到同具体使用者相联系，这一点也更加符合自然语言的使用特点。因为自然语言中每个具体语句的真假不但同语句自身的逻辑结构有关，还同说话者、说话时间等因素相关，所以具有真假的不是语句，而是相对于一个说话者或一个时间的语句。塔尔斯基的真理理论之所以不考虑这么多相关因素，只是因为塔尔斯基的真理理论处理的语句都是对语境不敏感的语句，这也是人工语言的一个重要特点。而戴维森希望建立的是自然语言的真理理论，自然语言中大多数语句都是对语境敏感的，例如语句“我是一个学生”，当我上学的时候，这个语句是正确的；但当我毕业之后，它明显是错误的，它的真假同说话的语境相关。所以，此时语句的真就不仅与语句自身有关，还与具体说话时间和具体的说话者有关，此时不是具体的语句是否为真，而是具体使用语句的人在特殊语言环境中说出语句的行为是否为真，真理理论适用的对象就不是单纯的语句本身，而是一个复杂的言语行为。要为复杂的自然语言建立真理理论，自然不能采用塔尔斯基的方式，只能是在自然语言具体使用中，具体地为每个对象语言语句寻找其对应的翻译语句来解释这个语句，构建其对应的具体T语句，进而构成完整的真理理论。整个过程都是经验的过程，所以无论是自然语言真理理论还是自然语言意义理论都是经验可观察的。戴维森对自然语言真理理论和自然语言意义理论的经验性以及可检验性的不同表述，表明戴维森对塔尔斯基真理理论认识的不断深化发展。

---

① Donald Davidson, *Inquiries into Truth & Interpretation*, Oxford: Clarendon Press, 2001, p. 74.

总之，从塔尔斯基的真理理论出发构建意义理论，不但满足意义理论的组合性和整体性要求，而且塔尔斯基的约定T清楚明白的回答了“知道一个语句为真意味着什么”，避免了以往意义理论论述的模糊性和内在的困难；其次，塔尔斯基真理理论避免设定实体作为意义的对应物，用完全外延式的方法杜绝了内涵性语义学概念的困扰；第三，在为自然语言建立意义理论反面，塔尔斯基的约定T在一些重要方面做到了最好，很好地坚持了这个学术梦想；最后，塔尔斯基的T语句是经验的可检验的，T模式意义理论具备更多的公共可观察性。所以，戴维森认为T模式意义理论是完全可行的，并且具有其他意义理论不可比拟的优点。

第五节　自然语言真理理论

塔尔斯基真理理论并不适用于语义封闭的自然语言，戴维森要想使用塔尔斯基真理理论为自然语言建立合适的意义理论，必须改造塔尔斯基真理理论，使之适合于自然语言，建立戴维森自然语言语义学。

一　自然语言真理理论的可行性

戴维森的目标是为自然语言建立合适的意义理论，但是，上述讨论并没有涉及塔尔斯基真理定义和戴维森意义理论之间的兼容性问题，这种讨论“轻率地忽视了这样一个在先的问题，即是否能够对于自然语言提出这样一种意义理论的真正机会”①。塔尔斯基真理定义使用的是形式语言，塔尔斯基认为：“仅仅是对于那些具有被精确规定其结构的语言来说，真理的定义问题才获得了一个精确的意义，并且才可能以一种严格的方式得到解决。”② 自然语言是含混不清楚的，

① ［美］唐纳德·戴维森：《真理与意义》，唐纳德·戴维森：《对真理与解释的探究》，牟博、江怡译，中国人民大学出版社2007年版，第40页。

② ［美］A. 塔尔斯基：《语义性真理概念和语义学的基础》，马蒂尼奇主编：《语言哲学》，牟博、杨音莱、韩林合等译，商务印书馆1998年版，第90页。

不能为其构建真理概念。戴维森使用塔尔斯基真理理论是为自然语言建立合适的意义理论，问题是塔尔斯基的真理定义并不适合自然语言，如何用不适合于自然语言的真理定义来为自然语言构建意义理论是戴维森自然语言真理理论面对的主要挑战。

分析哲学早期发展当中，人工语言学派和自然语言学派的区分十分明显。早期分析哲学家（除摩尔外）几乎都是人工语言学派。人工语言学派认为自然语言是模糊不清楚和混乱的，希望用逻辑化的形式语言研究解决误用自然语言所引发的问题。这种想法始于弗雷格，弗雷格用一阶谓词逻辑刻画自然语言中可以刻画的一部分（可断定真假的陈述句），并把这部分视为人类思想的全部，那些不能被逻辑刻画的自然语言的其他部分，被弗雷格放逐在人类思想的范围之外；罗素基本继承了弗雷格的做法，罗素的摹状词理论就是用一阶谓词演算重新表述自然语言当中的一些语句，并认为这样的表述消除了这些自然语言语句的模糊性和多余的本体论设置，解决了自然语言误用的问题；维特根斯坦的《逻辑哲学论》描述了形式化的思想、语言和世界，用新的形式系统代替日常语言，用形式化语言改造自然语言进而表述其思想内容。塔尔斯基的真理定义基本上延续了上述路线，塔尔斯基用形式语言重新定义了真理概念。人工语言学派学者虽然对于形式语言和自然语言的关系看法不尽相同（例如，弗雷格用形式语言排斥自然语言，维特根斯坦认为形式语言并不排斥自然语言，形式语言表达了自然语言被遮蔽的逻辑结构），但是他们看待自然语言的态度是一致的：自然语言的混乱和模糊导致自然语言无法被形式化处理。戴维森也注意到这样的传统，他论述道：“关于自然语言的形式语义学前景如何呢？根据塔尔斯基的看法，这种前景是很可悲的。我相信大多数逻辑学家、语言哲学家和语言学家都会赞同他的看法。”[①] 在附注里，戴维森甚至表示，人们很少讨论自然语言的形式化真理定

① ［美］唐纳德·戴维森：《真理与意义》，唐纳德·戴维森：《对真理与解释的探究》，牟博、江怡译，中国人民大学出版社 2007 年版，第 40 页。

义，一般性的讨论是以卡尔纳普为代表的把形式语义学概念用到自然语言上。戴维森认为为自然语言建立形式化的真理概念是可行的，在《真理与意义》一文中，戴维森纲领性的论证了自然语言形式化的可能性。

塔尔斯基反对用自然语言定义真理，戴维森从塔尔斯基出发讨论自然语言语义学的可能性。塔尔斯基在《语义性真理概念和语义学基础》一文的结束部分说道："我们在先前各节讨论的关于真理概念的讨论中所得到的大多数结论经过适当改变都可以扩展到其他语义学概念上去，……对其中每个概念都可按我们分析真理概念所用的方法进行分析。因此可以建立这些概念适当使用的标准；可以证明，当把这些概念中的每一个按照这个标准而在语义学上封闭的语言中使用时，都必然导致矛盾。"① 塔尔斯基真理语义学特别强调元语言和对象语言的区分，否则容易陷入矛盾，自然语言没有明确区分元语言和对象语言，它是语义封闭的语言系统，所以塔尔斯基的真理概念并不能使用于自然语言。能否改造自然语言，以便使得其真理定义适用于自然语言，塔尔斯基否定了这种可能性。他认为，为了使其真理定义适合自然语言，必然按照形式化真理定义的结构方式对自然语言进行改造，改造的结果使得自然语言不再是我们所熟悉的自然语言，而越来越具有形式化语言的特征。塔尔斯基的这种看法典型的代表了人工语言学派学者对自然语言的想法，他们一般认为自然语言是混乱和矛盾的，要把形式化的真理概念应用于自然语言必须改造自然语言，改造自然语言的方式就是把封闭的自然语言改造为开放的形式语言，用形式化的方法重新定义语言结构。这样改造的自然语言就不再是自然语言，它和我们日常使用的语言差距很大，是形式化的逻辑演绎系统。

塔尔斯基认为形式化语义学概念无法应用到自然语言的原因，主

---

① ［美］A. 塔尔斯基：《语义性真理概念和语义学的基础》，马蒂尼奇主编：《语言哲学》，牟博、杨音莱、韩林合等译，商务印书馆 1998 年版，第 98—99 页。

要是如下两个方面：一是自然语言容易导致说谎者悖论；二是自然语言太混乱、无定型，不能直接应用形式化方法。第一个问题直接指向自然语言的封闭性，在封闭的自然语言中，允许产生类似说话者悖论这样的语句，所以塔尔斯基的改造思路是放弃自然语言的封闭性，用区分元语言和对象语言的方法来定义真理概念。戴维森基本认同塔尔斯基的做法，他认为如果语言的量词范围过于宽泛，就会形成说谎者悖论。但是，不能把量词范围太过宽泛的问题作为不能为某种语言定义真理概念的原因，或许真正的问题不是量词方面的问题，而是语义本身存在的问题，即“在道理上，始终有可能出现这样的情况，即我们在理解一个人的语言（真理概念）的过程中所把握住的某种东西是我们不可能传达给他的”[①]。按照语言的一般性要求，语言可以产生所有的命题，但这样的语言中必然存在着某些在语义上无法传达给别人的内容，这部分语言不能被形式化处理，而且往往在这里产生一般性的哲学问题。既然语言的一般性要求中存在无法表达的内容，一般性要求是导致悖论的根源，这表明语言的一般性要求是有问题的，我们应当放弃自然语言的一般性要求，放弃自然语言的封闭性，从而区分描述语言的元语言和被描述的对象语言。所以，在第一个问题上，戴维森支持塔尔斯基的主张，自然语言应该改造以避免语义悖论和被误用。

塔尔斯基认为自然语言太混乱、无定型，不能直接应用形式化方法。如果要把形式语言应用于自然语言，首先需要改造自然语言，这个方面戴维森不同意塔尔斯基的做法。戴维森认为意义理论的任务是描述和理解也已存在的语言，而并不是改变、改进或者改造自然语言，所以戴维森认为塔尔斯基改造自然语言的计划“如果这是正确的，它对我的计划便是致命的”[②]。能否不用形式语言的方式改造自

---

① ［美］唐纳德·戴维森：《真理与意义》，唐纳德·戴维森：《对真理与解释的探究》，牟博、江怡译，中国人民大学出版社 2007 年版，第 41 页。

② 同上。

然语言，还可以把形式化语义学概念应用到自然语言之上？戴维森认为这是可能的。戴维森的做法就是先形式化描述自然语言中可以描述的那部分内容，然后把相关的做法扩展到自然语言的其他部分，这样就形式化描述了自然语言。他首先论述了塔尔斯基真理定义中给人这种希望的积极性因素。塔尔斯基真理定义提出如何用英文表述的真理理论解释不同的形式化对象语言，塔尔斯基选择一种尽可能像英语的对象语言作为例子。戴维森认为这种新的语言应该被视为英语的一部分，因为这种新的语言既然是用英语加以解释的，这种语言肯定包含很多英语成分。如果一个人理解了这种新的语言，其必然把它作为英语的一部分用理解英语的方式理解这种语言。这种新的语言已经是形式化的语言，戴维森下一步的工作就是如何把这种新的语言和我们固有的英语语言联系起来。这种联系就是利用塔尔斯基的约定（T），即新的语句如果和原有的英语句子具有相同的真值条件，可以用具体的T—语句把它们联系起来。戴维森用约定（T）把具有相同真值条件的形式化语言和旧有的英语语言联系起来，以此表明如果放弃了语言的一般性要求，语言中的某些部分作为新的语言是可以形式化处理的；而且，这个新的部分和原有的语言之间联系紧密，可被视为原有语言的一部分。可以把语言的一部分拿出来形式化处理，“这一论点并不是说，标准记法优于原来的未经加工的表述，而是说，如果我们知道标准记法对于什么样的表述是标准的，那么，我们对于那种未经加工的表述所具有的理论就如同我们对于那种与之相伴的标准记法所具有的理论一样出色”①。塔尔斯基认为，自然语言是混乱模糊的，因此要想对自然语言使用形式化概念，必须把自然语言按照形式化概念的标准加以改造；戴维森认为形式化的对象语言既然和自然语言具有很多共同的成分，理解形式化对象语言的人必然是以理解自然语言为基础，理解这种语言的人必然把这种语言理解为自然语言的一部

① ［美］唐纳德·戴维森：《真理与意义》，唐纳德·戴维森：《对真理与解释的探究》，牟博、江怡译，中国人民大学出版社2007年版，第41页。

分。既然这种形式化的语言和自然语言之间具有共同的真值条件，二者可以联系起来，那么形式化语言可以具有的结构清晰等特点，与之对应的自然语言也应该具有。所以，戴维森认为形式化语言具有的理论优点，与其对应的自然语言部分一样具有。因此，在把形式化语言应用于自然语言时，无须改造自然语言，因为形式化语言作为自然语言的一部分所具有的特性，自然语言的那部分也具有这个特性。与此同时，20 世纪以来学者在形式化语言方面的工作也充分证明自然语言形式化是可能的。

在此背景下，戴维森重新审视弗雷格以来的学者在形式语言方面所做的工作，并把它们的工作视为对自然语言形式化的例证。戴维森认为弗雷格的工作精确描述了自然语言中量词的形式化，“它证明了‘一切’、‘某个’（某些）、‘每个’、‘各个’、‘没有一个’以及相关的代词在他们的某些用法中式如何被精确地加以阐明的”[①]。弗雷格的工作第一次使得为自然语言的一部分提出形式化语义学成为可能，而塔尔斯基的工作使得这一设想被明确实现。戴维森认为这些工作表明自然语言的形式化是可以实现的，因为“作为这两个（由弗雷格所做出的和塔尔斯基所做出的）宏大业绩的一个结果，我们洞察我们的母语结构”[②]。后来的学者继承弗雷格的工作方式，着手用形式化的方式阐述自然语言的复杂情况，阐述自然语言的相关理论。戴维森认为尽管二者工作手段不尽相同，但很难看出他们对目标的理解有何不同。任何一方获得成功，必然会涉及自然语言的形式化问题，而近年来乔姆斯基（Avram Noam Chomsky）等人的工作对于把复杂的自然语言纳入形式化逻辑结构是非常有利的。所有这一切都证明，自然语言的形式化并不像塔尔斯基看待的那么悲观，而是完全有可能的。

---

① ［美］唐纳德·戴维森：《真理与意义》，唐纳德·戴维森：《对真理与解释的探究》，牟博、江怡译，中国人民大学出版社 2007 年版，第 41 页。

② 同上书，第 42 页。

二　戴维森的约定（T）

戴维森认为自然语言语义学的目标是解释每个有意义的自然语言表达式。问题是自然语言表达式是无限的，要想完成这个目标，只能是在初始词汇的基础上，通过描述自然语言表达式的结构特征，根据构成部分的意义以及组成部分的结合模式解释自然语言表达式。而塔尔斯基式的真理定义就是一种恰当的自然语言语义学内容。“我认为，一种语言的真理论（在少而精的方面）就是在做我们想要做的是事情，就是说，一方面通过分析所有独立具有意义的表达式之结构而赋予它们以意义；另一方面，一种自然语言的语义学理论却无法被看做是恰当的，除非它能够遵循塔尔斯基为形式化语言提供的一般思路去说明那种语言的真理概念。”① 同时，塔尔斯基真理理论充分说明在语言中如何用有限的资源解释语言的无限语义能力，所以自然语言真理理论是自然语言语义学的有效方式。以往的很多学者之所以没有注意到真理理论的作用，部分是因为“他们试图为自然语言赋予一种形式的真理论从而扩大了这些困难”②，他们高估了自然语言形式化真理理论的困难。戴维森认为，我们可接受的真理理论应当满足如下要求：

> 我们想要的是什么属性？正如我们所说的，一种可接受的理论应当通过分析每个句子的组成部分而说明每个句子的意义（或真值条件），这些组成部分是以相关于真理的方式来自有限的东西。第二自然的要求是，这种理论提供了能够决定任意句子的意义究竟是什么的方法。（只要满足了这两个条件，一个理论才可以被说成是表明了它所描述的语言是可习得的和可理解的。）第三个

① ［美］唐纳德·戴维森：《自然语言的语义学》，唐纳德·戴维森：《对真理与解释的探究》，牟博、江怡译，中国人民大学出版社 2007 年版，第 72 页。

② 同上。

条件是，这种理论所包含的关于单个语句真值条件的陈述，应当以更为精确的方式提出与陈述其真值条件的句子相同的概念。[①]

很明显塔尔斯基的真理概念满足如上三个要求，所以戴维森为自然语言建立意义理论的首要选择就是塔尔斯基的真理概念。但塔尔斯基的真理概念并不适用自然语言，如何把塔尔斯基的真理定义应用到自然语言，这是戴维森急需解决的问题。

塔尔斯基形式语义学适用于语境不敏感语句，这样的语句不包含指示词，语境不敏感语句在所有的情况下真值条件和意义都是相同的；但是自然语言语句是语境敏感语句，它的真值会随着说话时间或者说话者的不同而改变。“同一个语句在某一时间或从某人的口中说出是真的，而在另外一个时间或从另外一个人的口中说出则是假的。”[②] 例如，以“小布什是美国总统”为例，在小布什当政期间说出这个语句它是真的，而在现在说出这个语句就是假的。自然语言中存在着大量语境敏感语句，如何定义语境敏感语句的真理概念是长久以来一直存在的问题。早期的逻辑学家和对形式语义学持批评态度的人大多认为形式语义学和逻辑学无法处理语境敏感语句，无力消除指示词的困扰。逻辑学家对待语境敏感语句的方式一般是贬低自然语言，排斥语境敏感语句，把工作限制在不包含指示词的非语境敏感语句方面，研究语境不敏感语句的形式化问题。例如，弗雷格就把不能用一阶谓词演算刻画的自然语言部分排除在思想的范围之外，形式化描述一部分陈述句。批评者经常以形式化语言无法处理包含指示词的语句为理由批评形式化语言，贬低形式化语言的工作。戴维森认为这二者都不能令人满意，“很清楚的是，不能够在不造成损失或没有做出根本改变的情况下从自然语言消除指示词，因此，除了使理论迁就

① ［美］唐纳德·戴维森：《自然语言的语义学》，唐纳德·戴维森：《对真理与解释的探究》，牟博、江怡译，中国人民大学出版社 2007 年版，第 73 页。

② ［美］唐纳德·戴维森：《真理与意义》，唐纳德·戴维森：《对真理与解释的探究》，牟博、江怡译，中国人民大学出版社 2007 年版，第 42 页。

指示词以外，别无其他选择”①。

如何使理论迁就指示词？蒯因在《逻辑方法》介绍了处理指示词的一种方式，即把指示词视为逻辑常项不做处理，这样就不会产生逻辑错误。蒯因以如下语句为例，解释了如何处理指示词：

（1）他去了坡科塔克并且我跟他一起去，

（2）他去了梢格塔克并且我跟他一起去。

蒯因认为如果语句（1）（2）分别用符号表示“$p\wedge q$”和“$r\wedge q$”表示，这表面上看似乎没什么不妥，但是如果合取语句（1）（2）就会得到新的语句：$(p\wedge q)\wedge(r\wedge q)$。新的语句暗示语句的两个合取支有共同的部分“q”，如果用句子成分表示就是“我跟他一起去”。很明显“我跟他一起去”在不同语句涵义是不同的，在语句（1），“我跟他一起去”去的是坡科塔克，而在语句（2）中，“我跟他一起去”去的是梢格塔克。不同的语境中，表达式指称的内容是不同的，所以不能用如上方式简单处理。我们所能采用的符号不能是如上所述的用一个共同的符号“q”，而必须采用不同的符号，例如分别用“$p\wedge q$”和“$r\wedge s$”来表示语句（1）和（2）。尽管表达式“我和他一起去”语词内容一致，但是这个指示性表达式需要做不同的解释。接下来，蒯因总结性说道：“现在我们知道，对意义模糊的表达式做解释依赖于整个论证的情景——说话者、听众、场景、日期以及基本的问题和目的——模棱两可的错误并不可怕，例如，当一个意义含混的表达式重复出现在论证过程中时，那些背景情景会影响我们对它的解释。这就是为什么没有限制的逻辑论证中允许出现含混的语词。诸如‘我’‘你’‘这儿’‘斯密斯’‘榆树街’；如果对它们的解释在论证过程中始终保持一致，那么这种解释就与论证的逻辑可靠性无关。”② 蒯因把指示词作为逻辑常项在解释中保留下来，

① ［美］唐纳德·戴维森：《真理与意义》，唐纳德·戴维森：《对真理与解释的探究》，牟博、江怡译，中国人民大学出版社 2007 年版，第 46 页。

② ［美］蒯因：《逻辑方法》，涂纪亮、陈波主编：《蒯因著作集》（第二卷），中国人民大学出版社 2007 年版，第 62 页。

在具体语境再加以解释。例如 T—语句："我是聪明的"是真的，当且仅当我是聪明的。这个语句中，对于指示词"我"并没有处理，而是作为常项直接被保留在 T—语句之中。这样处理的好处是不会使得指示词成为语言形式化的障碍，可以为语境敏感语句建立类似于语境不敏感语句的真理定义。

戴维森反对蒯因把指示词作为常项不对指示词进行处理。戴维森认为处理指示词所遇到的麻烦并不是其阻碍真理谓词定义，而是因为在描述含有指示词的语句的真值条件时所遇到的困难。例如，说明语句"我是聪明的"的真值条件，就必须解释这里的"我"是谁，这样的解释中就不能为这个语句建立一个在所有语境都适用的真值条件，而必须和说话者联系起来。这是逻辑学者并不乐意看到的，因为逻辑学只关心逻辑形式，并不关注相关的经验内容。含有指示词的语句只有在与说话者和具体说话语境相联系时才可能是真的，所以含有指示词的语句的真理定义必须同时涉及说话者和具体说出语境，"这一断言仅仅在下述这样一种情况下才是可接受的，这就是这种定义中所提到的每个语句的说出者和语境是与这种真理定义本身的说出和语境相匹配的"①。同一个指示词在不同的语境中可能指称不同的内容，理解指示词的人会在具体的语境中获得指示词指称的具体内容，如果把指示词视为常项，指示词的这些复杂特征会被形式化方法所抹杀，这是戴维森不能接受的。戴维森不是简单地把指示词作为常项从而忽略这个问题，戴维森的做法是系统的修改塔尔斯基的真理定义，使之适应语境敏感语句，"人们能够对付这些抱怨，不过只有通过在那种真理理论中做出相当广泛的修正才能做到这一点"②。

戴维森认为："要想解释自然语言中的索引成分或指示成分，就

---

① Donald Davidson, *Inquiries into Truth & Interpretation*, Oxford: Clarendon Press, 2001, p. 34.

② Ibid., p. 58.

要采取一种彻底的概念改变，使得真理可以得到定义，……即约定 T 是如何必须得到修正以便使真理可以被让渡到语境。”[①] 既然语境敏感语句的真不但与语句有关，还与语句说出者和具体的说话情景有关，所以戴维森把真值不是单单赋予语句本身，而是把真值赋予一个话语行为。此时语句的真假不但同语句本身相关，而且同具体说话情境下的说话者、说话时间、说话时的位置以及具体的指示词有关。戴维森在修改塔尔斯基真理定义时选择了说话者和说话时间这两个参数，他认为这两个足以解释其余影响因素，足以说明语境敏感语句的真值条件，“我们可以视真为一种特性，这种特性不是语句的特性，而是话语的特性，或言语行为的特性，或关于语句、时间和人的有序三元组的特性；而恰恰把真理性视做语句、人与时间之间的关系，这是最简单不过的了”[②]。“宣布具有真值的是具体的话语或言语行为，而不是句子；或者使真理成为句子、说话者和时间之间的一种关系。”[③] 塔尔斯基的真理定义处理的是语境不敏感语句，语句真值只与语句本身有关，与说话时间和说话者都无关，不同人在不同的时间说出同一个语句，它的涵义并不改变；而戴维森需要处理的是含有指示词的语境敏感语句，同一个语句由不同的人在不同时间说出，涵义和真值条件都可能不同，“一种自然语言的真理论必须说明，许多句子在真值上的变化依赖于说出它们的时间、说话者，或许还有听话者”[④]。所以，戴维森修改塔尔斯基的真理定义，在塔尔斯基真理定义的基础上加上说话者和说话时间这两个因素，这种处理方式是最自然也是最为经济的做法。修改后的真理理论不能单纯说某个语句为真，而必须说某个人在某个时间说出某个语句是真的，此时“（自然

---

① Donald Davidson, *Inquiries into Truth & Interpretation*, Oxford: Clarendon Press, 2001, p. 58.

② ［美］唐纳德·戴维森：《真理与意义》，唐纳德·戴维森：《对真理与解释的探究》，牟博、江怡译，中国人民大学出版社 2007 年版，第 47 页。

③ ［美］唐纳德·戴维森：《自然语言的语义学》，唐纳德·戴维森：《对真理与解释的探究》，牟博、江怡译，中国人民大学出版社 2007 年版，第 74 页。

④ 同上。

语言中的）真理不是句子的属性，它是句子、说话者和时间之间的关系”①。塔尔斯基真理定义刻画了真理谓词约定（T），自然语言的真理定义需要刻画的不是一元谓词约定（T），而是一个三元谓词“Ts，u，t”，这个三元谓词可读作“（英语）句子s对说话者u在时间t为真”或者“由说话者u在时间t说出的（英语）句子s表达的表述为真”，具体这个新的谓词采用哪种读法是无关紧要的，重要的是修改后的真理定义必须同时考虑说话者和说话时间这两个因素。

自然语言语句对说话的语境非常敏感，但是自然语言的具体语境非常复杂，有些时候我们使用一个语句表达的不是语句自身的意思，而是语句的引申义，此时自然语言语句的真值该如何处理就成了问题。例如某人说出语句“太阳在帆桁端上方”，这个人说出这个语句希望表达什么含义呢？或许，说话者希望表达的是他相信太阳在帆桁端的上方，并且他想给别人表达的信息是提供一个关于太阳的位置。但是，有些时候，一个人说出这句话的目的并不是要表达关于太阳位置的信息，或许他根本就没注意到太阳的位置，而只是想用这句话来宣布喝水的时间到了，此时对这个说话者来说，他根本就没有表达“太阳在帆桁段上方”这个陈述。这种情况下，说话者用这个语句表达的并不是这个语句字面的意思，而是另外一种引申义，此时应该如何说明这个语句的真值就成为问题。不同的人用同一个语句在不同语境下可以表达不同的引申义，如果从引申义的角度界定真理概念，这是几乎无法完成的工作。问题是：我们在和具体说话环境相联系的时候，是否要关注说话者的言外之意。戴维森的态度很明确：仅关注字面的意义，不关注字面意义之外的语言意义，“语言的交流就是字面意义的交流；所以，在各种意义当中一定有做出陈述的字面意义，真理论处理的就是字面意义”②。戴维森认为，在那种说话者希望表达言外之意的特殊

① ［美］唐纳德·戴维森：《对事实为真》，唐纳德·戴维森：《对真理与解释的探究》，牟博、江怡译，中国人民大学出版社2007年版，第59页。

② 同上书，第61页。

语境中，我们依然可以说说话者表达了一个陈述，“这个人是在‘字面上’做出这样一个陈述，即太阳在帆桁端的上方，而他说的东西为真，则完全是由于在他说的时候太阳是在帆桁端的上方，即使他并没有什么理由相信这一点，甚至并不关心这是否是真的”[①]。戴维森希望我们关注的是语句字面的意义，而不是说话者在具体语境中希望表达的东西，毕竟希望表达的东西借用的还是字面上的内容加以实现的，必须以对语句字面意思的理解为基础。戴维森只关注自然语言语句的字面意义，此时自然语言的真理概念就是如下形式：

> 一旦区分了字面的意义，那么，某个说英语的人就会在说出“今天是星期二”这句话时做出一个真的陈述，只要在他说出这句话的时候他所在的地区是星期二。这个例子就带来了一种概括：以下公式中的每个示例都会是关于的一个真理，只要我们把“s”替换为对一个英语句子的描述，把“p”替换为一个给予使被描述的句子为真之条件的句子：
>
> （D）（作为英语的）句子 s 对于说话者 u 在时间 t 为真，当且仅当 p。[②]

路德维希等人认为：“为了方便起见，我们把这个适当性标准称为约定 D。”[③] 很明显约定（D）是参考塔尔斯基约定（T）构建起来的，所不同的是在约定（T）的基础上增加了说话者和说话时间这两个要素。戴维森认为每个英语句子都有一个类似的（D）语句和它对应，而且所有这样的真语句唯一确定了自然语言真理谓词的外延。（D）语句对自然语言的作用和（T）语句对形式语言的作用类似，（D）语句

---

① ［美］唐纳德·戴维森：《对事实为真》，唐纳德·戴维森：《对真理与解释的探究》，牟博、江怡译，中国人民大学出版社 2007 年版，第 61 页。

② 同上。

③ ［美］柯克·路德维希主编：《唐纳德·戴维森》，郭世平译，复旦大学出版社 2011 年版，第 48 页。

表明自然语言真理理论应该包含的内容，它提供了一种检验自然语言真理理论是否合适的恰当标准。和塔尔斯基的真理定义相比较，戴维森并没有类似塔尔斯基真理定义那样精确刻画语境敏感语言的真理定义，只是简单描述了这种工作的前景：在初始词汇和真值函项的基础上，用递归的方式刻画如何给每个句子提供（D）语句，最后用类似塔尔斯基基于“满足”定义真理概念一样定义自然语言真理定义。

戴维森的自然语言真理定义能否成为令人满意的自然语言语义学是值得探讨的问题，因为“某种含混性必定会妨碍我们提出真理论”[①]。戴维森认为，人们之所以质疑能否为自然语言提供形式化真理理论，主要是因为人工语言和自然语言的巨大差别。因为形式化的人工语言与自然语言差距很大，所以很多人不看好为自然语言提供形式化真理定义的前景。戴维森认为，人工语言和自然语言的区分不是必然的，只是不同兴趣的人从不同的角度研究语言的不同做法，二者没有根本不同，二者的不同就类似于几何学和纯粹几何学之间的区分。戴维森认为研究人工语言的人，主要关注自然语言的诸如一致性、完全性和决定性等元语言层面的问题。这种研究思路决定了研究者是用一种元语言的标准把自然语言作为对象语言，在此视角下研究者所使用的元语言标准必然要施用于作为对象语言的自然语言之上，此时自然语言必然具有元语言的结构特征，从而呈现出人工语言的特征。当然，这种做法是不适合于对于自然语言的经验研究，因为经验研究主要研究的是我们日常使用自然语言的方式与方法，必然是以描述语言的实际使用为主，从这样的角度研究语言所研究的就是日常语言。所以，戴维森认为：“如果由此得出存在两种语言，即自然语言和人工语言，那就错了。这种对比更多是由于主导兴趣所致。”[②] 并不存在两种不同的语言，自然语言和人工语言的分别仅仅是由于我们

---

① ［美］唐纳德·戴维森：《自然语言的语义学》，唐纳德·戴维森：《对真理与解释的探究》，牟博、江怡译，中国人民大学出版社2007年版，第74页。

② Donald Davidson, *Inquiries into Truth & Interpretation*, Oxford: Clarendon Press, 2001, p. 60.

不同的研究兴趣导致的不同的研究方式，二者没有根本不同，所以自然语言和人工语言不存在沟通的问题，用形式化的真理概念为自然语言建立真理理论没有根本性障碍。戴维森认为为自然语言建立形式化真理定义并没有明确的阻碍，这条路径是可行的。但是，戴维森并没有明确为任何一种自然语言建立真理理论，他只是提供了一个构建自然语言真理理论的标准，有了这个标准就可以检验已经建立的自然语言真理理论是否正确，并清晰说明自然语言的研究方向。

在自然语言真理理论的基础上，戴维森从真理理论出发构建自然语言的意义理论。戴维森认为，令人满意的自然语言真理定义，需要"能够对句子给出一种递归式的刻画""一种真理应当为句子'赋予意义'"，需要说明"句子的真值如何依赖于一种递归给定结构"，"以真理论的眼光看待句子的结构，就是把它看做是借用足以构成每个句子的有限手段建造起来的；因而，句子的结构就规定了它与其他句子的关系"。"在某种意义上，真理论就是对每个句子在语言中所起作用的说明，而这个作用则依赖于句子作为真假的潜在的承担者。""约定 T 经过恰当的修改以应用于自然语言，这就提供了一张说明意义的成功标准。"① 上述引用构成了戴维森的自然语言意义理论标准，戴维森坚持从真理与意义的关系出发，使用自然语言的真理理论构建其意义理论。

具体来说，戴维森从自然语言的真理理论出发用如下方式系统表述了自然语言的意义理论："这种理论中，相应于每个带有指示性因素的表达式，都必定有一个把该表达式出现于其中的语句的真值条件与变化着的时间和说话者联系起来的短语，因此，可从这种理论中衍推出像下面这样的语句：当 p 在时间 t 所（潜在地）说出的'我疲倦'是真的，当且仅当 p 在时间 t 是疲倦的。由 p 在时间 t 所（潜在地）说出的'那本书已被窃'是真的，当且仅当由 p 在时间 t 所指示

---

① ［美］唐纳德·戴维森：《自然语言的语义学》，唐纳德·戴维森：《对真理与解释的探究》，牟博、江怡译，中国人民大学出版社 2007 年版，第 76—77 页。

的那本书先于时间 t 被窃。”[①]

与语境不敏感语句的意义理论相比较，不同之处在于语境敏感语句的意义理论是在语境不敏感语句意义理论的基础上，加上了说话者和说话时间这两个因素，这与戴维森处理自然语言真理理论的思路一脉相承。这种处理方式并没有说明如何消除指示词，而是通过改动真理理论来迁就指示词，戴维森认为这样处理的好处是：“指示词能够接受形式处理这一事实，应当大大地提高促进对于一种关于自然语言的真正的语义学的渴望，因为情况很可能是这样：如果我们认识到一种隐匿的指示词结构，那么，许多悬而未决的困惑问题就能够得到解决。”[②] 戴维森对于“从形式上表征自然语言的真理谓词的可能性持乐观态度，并有一个纲领性的看法”[③]。

戴维森认为意义理论的主要任务是如何确定一种语言说话者说出的任意表达式的意义，这方面一种语言的形式化真理理论能够提供最好的说明。通过描述自然语言真理理论的可能性以及相关标准，戴维森详细地论述了使用真理理论构建自然语言意义理论的美好前景。这种研究方式的改变将导致语言学研究的重点也将随之改变，例如，“一直在支配新近语义学工作的某些问题可能会失去意义，这包括赋予句子以‘意义’的努力以及对同义词、分析词和模糊性的说明等。就第一个问题而言，真理论提供了一种替代物；第二个和第三个问题成了不必要的累赘；第四个问题重新表述为一种专门的形式”[④]。但是戴维森也清晰认识道：“必然容许依然存在有一系列令人惊愕的难以回答的问题。列举其中几个如下：我也不知道反事实句或虚拟语句的逻辑形式，也不知道有关或然性语句和有关因果关系的语句的逻辑

① ［美］唐纳德·戴维森：《真理与意义》，唐纳德·戴维森：《对真理与解释的探究》，牟博、江怡译，中国人民大学出版社 2007 年版，第 48 页。

② Donald Davidson, *Inquiries into Truth & Interpretation*, Oxford: Clarendon Press, 2001, p. 35.

③ Ibid..

④ ［美］唐纳德·戴维森：《自然语言的语义学》，唐纳德·戴维森：《对真理与解释的探究》，牟博、江怡译，中国人民大学出版社 2007 年版，第 78 页。

形式；我们无法充分了解副词的逻辑作用是什么，也无法充分了解归属性形容词的逻辑作用是什么；我们对于像‘火’、‘水’和‘雪’这样的物质名词没有系统的理论解释，我们对于关于信念、知觉和意向的语句没有系统的理论解释，我们对于有关蕴含着目的的行为动词也没有系统的理论解释。最后，还有下述所有这些语句似乎根本就不具有真值：祈使句、祈愿句、疑问句以及很多语句，一种全面的自然语言的意义理论必须成功地解决上述每个难题。”[①] 戴维森的自然语言真理理论和自然语言意义理论只是纲领性的描述这种工作的可能远景，并没有具体解决自然语言中存在着的众多疑难问题，其并没有为哪种语言真正建立一种意义理论，只是纲领性描述了建立意义理论的可能性并指明了工作的方向，这也是其意义理论被称为戴维森纲领的一个原因。虽然戴维森后来在《论说出》《行动语句的逻辑形式》等文章中，详细论述了间接引语的真值条件以及行动语句的真值条件，丰富和完善了自然语言的形式化工作，完善了自然语言语义学，但是戴维森的工作更多还是纲领性地指出了自然语言意义理论的可行前景和研究方向，并没有具体为某种自然语言建立详细的意义理论，这也是戴维森意义理论的一个主要特征，后续的研究者更多地致力于自然语言细化的形式化工作，真正实现了自然语言的量化研究，这也是戴维森意义理论研究的有益成果。

---

① ［美］唐纳德·戴维森：《真理与意义》，唐纳德·戴维森：《对真理与解释的探究》，牟博、江怡译，中国人民大学出版社 2007 年版，第 49 页。

第三章　真理理论

戴维森纲领的显著特征是从真理同意义的关系出发，使用真理概念解释语句的意义。真理概念是戴维森意义理论的核心概念之一，如何理解塔尔斯基真理理论直接决定如何理解戴维森意义理论。不同的学者分别从真理符合论、真理冗余论和真理融贯论等不同角度解读塔尔斯基真理理论，戴维森不同时期对塔尔斯基真理理论的看法也不尽相同，这一章将研究说明如何理解塔尔斯基的真理理论。戴维森通过塔尔斯基真理理论所表述的语句真值条件解释语句的意义，他认为外延充分的真理理论足以解释语句的意义。用外延的真理概念解释语句意义是戴维森意义的重要特征，也是招致批评最多的一点，外延问题是戴维森意义理论面对的一个主要问题，本章第二节将主要关注这个问题。

但塔尔斯基的真理理论并不是戴维森意义理论，要构建合适的自然语言意义理论，我们必须对塔尔斯基真理理论增加适当约束，这一章将着重论述戴维森给塔尔斯基真理理论增加的约束条件。

第一节　评述塔尔斯基真理理论

塔尔斯基真理理论提出以后，不同的学者从真理符合论、真理冗余论以及真理融贯论等角度解读塔尔斯基真理理论。戴维森早期曾经把戴维森真理理论视为精致的真理符合论，后期反对这一看法；戴维森反对从真理冗余论和真理融贯论解读塔尔斯基真理理论，在彻底解释方案中，戴维森把真理概念同言语行为相结合，在同思想、语言、意义和现实的关联中说明真理概念。

一 真理符合论

真理符合论是最自然也是历史最为悠久的真理理论。我们在询问和解释语句何以为真时，最自然的是用事实作为使得句子为真的承担者，用语句符合事实解释语句何以为真。真理符合论认为语句需要和某些非语句的实体（如事实、事态等）相对照才有真假可言。塔尔斯基认为我们对真理的直觉大多来自亚里士多德在《形而上学》中的相关描述，塔尔斯基用现代语言翻译为："语言之为真在于它与现实相一致（或它符合于现实）对于以后面一种表述为基础的真理理论，有人已经提出'符合论'这个词项。"① 戴维森在《对事实为真》中把塔尔斯基的真理理论视为真理符合论，他反对把塔尔斯基的真理理论视为同事实相对照的符合论，而是建立在"满足"这个概念之上的形式化的真理符合论。

真理符合论认为："一个真陈述就是一个对事实为真的陈述。"② 戴维森类比"母亲"和"真的"这两个词项：母亲肯定是相对于孩子而言的，母亲肯定是某个孩子的母亲，所以"母亲"的属性必然是通过与她的孩子相联系才能得到解释；"真的"也是相对于某个事实来说的，陈述为真是相对于被语句陈述的某个事实而言的，所以"真的"这个谓词的属性只能通过陈述与这个陈述所对应的事实之间的关系才能得到解释。真理符合论大多把事实作为陈述句的符合物，通过和事实对照说明陈述的真假：如果和事实一致，即陈述为真；如果不一致，则陈述为假。但是符合论最大的问题是真语句符合的东西是什么？一般会认为语句符合事实，"主要的问题在于找到这样

① ［美］A. 塔尔斯基：《语义性真理概念和语义学的基础》，马蒂尼奇主编：《语言哲学》，牟博、杨音莱、韩林合等译，商务印书馆 1998 年版，第 84 页。

② Donald Davidson, *Inquiries into Truth & Interpretation*, Oxford: Clarendon Press, 2001, p. 37.

一个事实的概念，我们可以用它来解释一切”[①]。可以解释一切的事实是什么，这是一个很难回答的问题。一般认为事实是外在于我们的外部客观世界的对象，事实是公共可见的东西，但有时候我们又把事实建立在我们的感官感受之上，认为事实就是我们对外在对象的经验感知。语句符合事实，问题是语句符合的到底是哪个事实？是纯粹外在于我们自身的纯粹客观世界的事实还是我们经验感受的事实。如果语句符合的事实是外在于我们纯粹客观世界的事实，问题是如何把这样的完全外在于我们的纯粹客观世界的事实同语句相符合，因为完全外在于我们的纯粹客观世界的事实我们是无能为力的，我们仅有的是对外在对象的经验感知，无法知觉到纯粹客观事实，所以语句符合这样的事实是无法实现的。如果语句符合的事实是我们对外在对象的经验感知，语句符合事实实际上是语句符合我们对世界的认知。把语句和事实相对照来检验语句是否为真是把个人对世界的认知同我们对世界的认知相对照，实际上只是把个人的认知内容同过去的认知结果相对照，这样的对照不是语句符合事实，更多是现在的认知符合过去的认知。这样的真理符合论不是传统意义上的真理符合论而是真理融贯论。

戴维森认为真理符合论虽然没有得到充分的检验，但也并非无关紧要或者不相干的，他希望用塔尔斯基真理语义学捍卫真理符合论：“真可以被解释为求诸语言与世界的关系，而对这种关系的分析则会使我们认识到，当我们说出句子的时候，我们是怎样设法说出真的东西。”[②] 塔尔斯基认为真理符合论不是简单粗暴地语句同事实相符合，他希望用塔尔斯基真理定义中的“满足”概念描述一种精致的真理符合论。

戴维森希望捍卫真理符合论，但他并不是致力于说明语句与事实

---

① ［美］唐纳德·戴维森：《对事实为真》，唐纳德·戴维森：《对真理与解释的探究》，牟博、江怡译，中国人民大学出版社 2007 年版，第 52 页。

② Donald Davidson, *Inquiries into Truth & Interpretation*, Oxford: Clarendon Press, 2001, pp. 37－38.

是如何符合的，其并不打算说明符合的涵义。戴维森希望找到“对有助于解释真的符合关系的一种自然解释”①，这样的符合理论需要从形式上消除所有语境中的真理谓词“这是真的……”和“……是真的”，具体的做法就是系统地用不包含真理谓词的语句替换包含真理谓词的句子，这样就可以说明符合的作用，从而解释何谓真。例如在句子

（1）法语是毛里求斯的官方语言，这个陈述是真的。

我们可以用句子“法语是毛里求斯的官方语言”来替换（1）而不会改变真值。句子（1）实质上等于断定“毛里求斯的官方语言是法语”，所以用“法语是毛里求斯的官方语言”代替句子（1）不会改变语句真值，这种替换消除了语句部分“这个陈述是真的”。替换表明语句“法语是毛里求斯的官方语言”表述了句子（1），句子（1）的真值依赖并符合语句“法语是毛里求斯的官方语言”的真值。句子（1）的真依赖于其语句构成成分“法语是毛里求斯的官方语言”，它的真值依赖于“法语是毛里求斯的官方语言”这个语句的真值。通过用语句“法语是毛里求斯的官方语言”替换句子（1）消除真理谓词，这既解释了句子（1）的真，也说明了句子（1）所符合的内容。

戴维森认为真理谓词的作用就类似于双重否定符号，其并不对句子真值产生作用，用不含真理谓词的语句可以系统的取代含有真理谓词的语句，戴维森以双重否定语句为例说明如何从句子（1）中消除真理谓词。双重否定句实质上等于双重否定谓词后面的内容，例如语句“并非今天不是周五”，这个句子与句子“今天是周五”真值相同，用句子“今天是周五”代替“并非今天不是周五”不会改变句子真值，但是可以消除双重否定。这和句子（1）的情况类似，用句子的一部分在不改变其真值情况下替换带有真理谓词的句子，消除语

---

① ［美］唐纳德·戴维森：《对事实为真》，唐纳德·戴维森：《对真理与解释的探究》，牟博、江怡译，中国人民大学出版社 2007 年版，第 53 页。

句剩余部分（真值短语或者双重否定）。在句子（1）中，表达式“法语是毛里求斯的官方语言”是句子（1）的构成部分，也是一个合乎语法的句子，具有独立的真值，其真值与句子（1）完全相同，戴维森把这个与句子（1）真值相同的表达式命名为“同一真值函项(an identity truth function)”，其与双重否定句“并非今天不是周五”中“今天是周五”这个表达式的作用类似。我们可以把句子（1）视为一个奇特的语法结构，它由同一真值函项“法语是毛里求斯的官方语言”和谓词“这个陈述是真的”构成，戴维森用双重否定句类比说明使用同一真值函项“法语是毛里求斯的官方语言”替换句子（1）而不改变句子真值，从而消除真理谓词“这个陈述是真的”。同一真值函项说明了句子所符合的是什么，可以用句子符合同一真值函项解释句子何以为真。

同一真值函项只能说明类似于句子（1）这种类型的句子，它无法直接处理如下句子：

（2）毕达哥拉斯定理是真的。

（3）亚里士多德所说的都不是真的。

句子（2）和句子（3）的形式与句子（1）略微不同，句子（1）中真理谓词修饰的是可以直接被双重否定理论替换的语句，例如句子（1）的“法语是毛里求斯的官方语言”这部分内容，而句子（2）和句子（3）中真理谓词修饰的内容不是可以直接用来替换语句本身的语句，所以不能直接使用双重否定理论。句子（2）和句子（3）尽管与句子（1）的形式不同，但通过替换处理，可以把句子（2）和句子（3）等值替换为类似句子（1）的形式：例如用“斜边的平方等于两个直角边的平方之和”代替（2）的“毕达哥拉斯定理”得到语句“斜边的平方等于两个直角边的平方之和，这个陈述是真的。”不难看出，句子（2）和句子（3）是句子（1）语句形式的简单推广，“是真的”在句子（1）、句子（2）和句子（3）中具有相同的作用，用来解释句子（1）的双重否定理论也可用来解释句子（2）和句子（3），只需稍微修改句子（2）和句子（3）即可。

句子（2）和句子（3）可以用双重否定理论加以说明，因为“双重否定理论告诉我们，对每个陈述来说，都由一个句子表达了它”[①]。例如语句（1），存在句子“法语是毛里求斯的官方语言”，它表达了句子（1），句子“法语是毛里求斯的官方语言”保证句子（1）是真的；同理对句子（2）来说，存在着一个真句子表达了毕达哥拉斯定理，这个句子保证句子（2）为真；类似的，对句子（3）来说，不存在真的句子表达了亚里士多德所说的东西，它就可以为真。双重否定理论处理句子（2）和句子（3），首先需要找出的是表达了句子（2）和句子（3）的句子，双重否定理论处理的是表达了句子（2）和句子（3）的那个句子。形式化表述双重否定理论真正处理的句子可以如下：

（2′）（p）（陈述 p = 毕达哥拉斯定理→p）。

（3′） ~ （∃p）（亚里士多德说 ⌒p）。

句子（2′）和句子（3′）分别改写句子（2）和句子（3），其中把句子（2）和句子（3）看作一个实体，用量词 p 代替语句的位置，p 分别代表表述了语句（2）和句子（3）的句子。此时，戴维森开始量化双重否定理论。量化强调的不是语句的形式化，即不是说句子（2′）和句子（3′）中的变项 p 可以在陈述句的范围内取值，量化主要说明的是在句子（2′）中，等式两边的表达式都指称并描述了该陈述句。“根据双重否定理论，对陈述的公认指称和对真的公认表述被化约为在语法上复杂而在逻辑上简单的表达式，即真值函项的语句联结词。”[②] 例如在语句（1）中，“真的”作为一个真值函项的语句联结词，通过联结语句指称“这个陈述”构成一个真值函项，通过与“这个陈述”相对照来断定这个真值函项的真值，断定的过程体现我们理解何谓真的过程。与双重否定理论不同，量化理论“允许我们把

① ［美］唐纳德·戴维森：《对事实为真》，唐纳德·戴维森：《对真理与解释的探究》，牟博、江怡译，中国人民大学出版社 2007 年版，第 54 页。

② Donald Davidson, *Inquiries into Truth & Interpretation*, Oxford: Clarendon Press, 2001, p. 39.

‘是真的’看作是一个真正的谓词。它提供了这样一条原则：

（4）（p）（陈述 p 是真的↔p）”[①]。

量化理论中，“是真的”作为一个普通谓词起作用，避免双重否定理论中的作为特殊的真值函项的语句联结词出现。同时，用句子（4）改写句子可以避免使用谓词“是真的”进而消除谓词“是真的”。句子（4）表述的语句逻辑上等值于带有真理谓词的语句，例如（p）（陈述 p 是真的↔法语是毛里求斯的官方语言）逻辑上等值于句子（1）。句子（1）和句子（4）的不同在于，我们解释句子（1）为真是通过断定句子（1）所陈述的内容“法语是毛里求斯的官方语言”来实现；而在句子（4）当中，我们是用句子为真来解释句子所陈述的东西，即我们用“陈述 p 是真的”来解释句子所陈述的东西“法语是毛里求斯的官方语言”。所以“真就不是被解释为可以用来断定的东西，而是用来解释陈述的东西”[②]。此时，我们理解“真”就不能简单把句子和它所陈述的内容相对照，而只能通过被它所解释的句子所陈述的东西的状态加以实现，即“陈述 p 是真的↔p”解释了句子 p 所陈述的东西为真时的情况，通过句子（4）和他所陈述的东西 p 相对照我们就理解了真。公式（4）量化描述如何通过和所陈述的东西相对照的方式理解句子何以为真，这就是戴维森所捍卫的真理符合论；量化理论同时完成了戴维森系统消除真理谓词的任务：即系统地用不带真理谓词的语句替代含有真理谓词的语句，从而消除真理谓词。可以说，公式（4）量化说明了戴维森所理解的真理符合论。

戴维森认为，在量化公式（2′）和公式（3′）的基础上，结合公式（4）我们就能解释陈述何以为真。但问题是我们如何理解量化命题（2′）和（3′），特别是如何理解量化命题中的变项（p）。变项 p

① Donald Davidson, *Inquiries into Truth & Interpretation*, Oxford: Clarendon Press, 2001, p. 39.

② ［美］唐纳德·戴维森：《对事实为真》，唐纳德·戴维森：《对真理与解释的探究》，牟博、江怡译，中国人民大学出版社 2007 年版，第 55 页。

的取值范围如何，它的值域该如何描述？变项p代替的是语句，在句子（3）p代替的是“亚里士多德所说的话……”；在句子（2）p代替的是“毕达哥拉斯定理”；真值函项中变项p代替的是待定的语句变项；可以看出，在所有变项出现的语境中，变项总是可以被视为名称，所以戴维森认为“变项的值域就必定是实体”[①]，变项代替的是语句本身指称的实体。如果变项替换的是语句指称的实体，那么根据戴维森著名的弹弓论证，如果陈述p和陈述q真值相同，则这两个陈述则指向共同的东西，陈述p和陈述q是等同的（不但真值等同，而且涵义等同）[②]，这个结论明显是不可接受的。所以公式（4）虽然能很好地说明真理符合理论，但是如何找到公式（4）里变项p的代替物是一个很大问题，如果按照目前的思路我们能找到的变项的值域又会导致不能接受的结论，所以我们无法合理说明量化理论，因而也就不能用这个理论来说明真理符合理论。

拉姆塞（Frank Plumpton Ramsey）曾经讨论过类似的问题，即如何用不含有真理谓词“是真的”的句子代替含有真理谓词的句子，从而在语境中消除真理谓词。他认为人们之所以在类似（2）和（3）的句子中加上“是真的”这样的符号，好像不加上人们就无法阅读，甚至没有这个符号，语言就有缺陷，只是因为人们“忘记了‘p’已经包含了一个‘可变’动词”[③]，拉姆塞举例说明这个观点：“或许更为清楚的是在这里假定，这里只有一种命题形式，比如说，关系形式aRb；于是‘他总是对的’可以表述为‘对所有的a、R、b，如果他断定了aRb，那么，aRb’，而‘是真的’在此就显然是画蛇添足了。当包括了命题的所有形式，分析就更为复杂，但没有本质的区分。”[④]

---

① Donald Davidson, *Inquiries into Truth & Interpretation*, Oxford: Clarendon Press, 2001, p. 39.

② 具体参见本文第二章“意义指称论”的相关说明。

③ Donald Davidson, *Inquiries into Truth & Interpretation*, Oxford: Clarendon Press, 2001, p. 40.

④ Ibid..

拉姆塞用量化理论的方式消除真理谓词，它以简单关系命题形式 aRb 为例说明如何用量化理论消除真理谓词：首先用 a、b 代表个体变项，用关系变项 R 代表关系谓词，对所有的 a、R、b，如果 a 和 b 具有关系 R，那么 a 和 b 就具有关系 R。此时我们就解释了 aRb 是真的，无须使用真理谓词“是真的”，从而消除真理谓词。通过递归的方式，简单命题形式可以推广到复杂命题形式，尽管复杂命题形式更为复杂，但这只是逻辑上操作的复杂，复杂命题形式和简单命题形式并无本质区别，这个方法可以推广到所有的命题形式。戴维森认为拉姆塞要从简单命题形式推广到所有的命题形式，不得不使用塔尔斯基定义真理概念的方式，但是塔尔斯基和拉姆塞的最大不同是拉姆塞一直试图避免定义类似“符合”的概念，而塔尔斯基却在尝试这样做。更大的问题是，拉姆塞的理论不得不面对说谎者悖论的威胁，这是拉姆塞的理论无法避免的，他只能诉诸精确的设置以避免出现说谎者悖论。相对于塔尔斯基，拉姆塞完成其理论之后，没有处理真理问题，这是令人疑惑的。所以，拉姆塞的量化理论虽然也致力于消除真理谓词，但遗憾的是其也没有提出令人满意的真理理论方案。

目前来看，通过消除真理谓词的方式来说明真理概念这条路并不通畅，还没有令人满意的理论做到这一点，所以戴维森考虑用“符合”概念说明真理概念。传统真理符合论认为陈述只有符合事实才能为真，要通过符合概念说明真理概念，必须说明与陈述对应的事实。戴维森以句子（5）为例：

（5）锡卡在肯尼亚这个陈述符合事实。

（5）也可以被表述为其他的形式，例如“事实上，锡卡在肯尼亚”“锡卡在肯尼亚是一个事实”“锡卡在肯尼亚，那是一个事实”。（5）及其相关类似陈述表达的都是这么一个句子：“锡卡在肯尼亚这个陈述是真的”。语句（5）提供了一个用陈述符合事实这种方式定义真理概念，形式化表述即：

（6）陈述 p 符合事实 q。

如何用陈述符合事实的形式定义真理概念？戴维森认为：“走向

真理的步骤会很简单的：一个陈述是真的，只要有一个陈述与它相符合。”[①] 语句形式（6）形式说明语句如何符合事实，同时句子形式（6）没有使用真理概念不会陷入循环论证，所以通过语句形式（6）说明陈述符合事实，以此为基础解释真理概念是可以接受的。

句子形式（6）要想成立，变项 p 和 q 必须用相同的句子加以替换，例如用“雪是白的”同时替换 p 和 q，此时陈述“雪是白的”符合事实雪是白的。但问题是如何描述被陈述所符合的事实：相同的事实有众多不同的描述方式。例如“那不勒斯比红崖更靠北”这个陈述符合“那不勒斯比红崖更靠北”这个事实。那不勒斯比红崖更靠北这个事实，既可以用“那不勒斯比红崖更靠北”这种方式加以描述，也可以用“红崖比那不勒斯更靠南”这种方式描述。如果进一步考虑那不勒斯这个城市的描述方式，这样一个事实就会有新的描述方式：“红崖比爱琴海 30 英里之内最大的意大利城市更靠南。”陈述“那不勒斯比红崖更靠北”符合的事实有很多的描述方式，很难区分它到底符合哪种描述方式所代表的事实。这个例子量化处理可表示为：如果 p 和 q 替换的句子在逻辑上相等，或者 p 和 q 的不同仅仅在于一个单称词项一直被替换为一个共存的单称词项，那么如果一个陈述符合由表达形式“事实 p”所描述的事实，那么，它也符合由表述形式“事实 q”所描述的事实。于是戴维森认为：“我们就会开始怀疑，如果一个陈述符合了一个事实，它就符合所有的事实。”[②] 戴维森对此论证如下：

令“s”为某个真句子的缩写，带入（6）就会得到：陈述 s 符合事实 s；

把上面例子的第二个“s”替换为逻辑上等值的 t。因为根据“有 x，使得 x 等于第奥根尼，并且 s”逻辑上等于“有 x，使得 x 等于第奥根尼”，我们可以替换共存的单称词项，于是我们就可以用真语句

① ［美］唐纳德·戴维森：《对事实为真》，唐纳德·戴维森：《对真理与解释的探究》，牟博、江怡译，中国人民大学出版社 2007 年版，第 57 页。

② 同上书，第 58 页。

缩写“t”代替“s”；

如果s和t为任意真语句的缩写，则得到陈述s符合事实t。[①]

我们无法区分语句所符合的事实是什么，所以也就无法说明语句符合事实。除非我们精确的区分事实，特别是区分事实的描述方式，否则的话我们无法借助于事实来解释真理。求助于事实来解释真理这条路也走向了死胡同，需要思考新的思路和方案。

戴维森认为，塔尔斯基用满足关系定义真理的方式提供了解决真理符合论问题的新思路。刻画满足关系时，被满足的是开语句和闭语句，用来满足开语句和闭语句的是描述对象语言变项的函项，函项把对象语言的变量匹配给这些变量出现并满足的句子。如果一个函项给n元谓词的n个空位分配变项，由此形成的开（闭）语句为真，则称这个函项满足了这个n元谓词。例如，“x爱y”这个简单开语句，只要f指派给“x”的实体爱上了f指派给“y”的实体，我们就认为函项f满足它。塔尔斯基用递归的方式定义满足关系：首先描述满足初始谓词；然后刻画满足由原初谓词连接而成的复合谓词：f满足了s和t的合取，是因为f满足了s以及f满足了t；最后描述满足开语句s的普遍量化：s被满足是因为f以及类似f的其他每个函项都满足了s。塔尔斯基把闭语句作为不包含自由变项的特殊的开语句。由于其不包含自由变项，所以闭语句要么被所有函项满足，要么不被任何函项所满足，而被所有函项所满足的闭语句是真的，没有任何函项可以满足的闭语句是假的。[②]

戴维森认为，塔尔斯基基于满足关系的真理概念应该被称为真理符合论。“因为其中有一部分是由满足概念起作用的；……为真的属性始终是由语言与其它东西之间的关系而有效地得到解释的。”[③] 塔

---

① 参见［美］唐纳德·戴维森《对事实为真》，唐纳德·戴维森：《对真理与解释的探究》，牟博、江怡译，中国人民大学出版社2007年版，第58页。

② 参见Donald Davidson, *Inquiries into Truth & Interpretation*, Oxford: Clarendon Press, 2001, pp. 47 –48。

③ ［美］唐纳德·戴维森：《对事实为真》，唐纳德·戴维森：《对真理与解释的探究》，牟博、江怡译，中国人民大学出版社2007年版，第63页。

尔斯基的真理定义中，真理概念是通过语句被所有函项满足而得到解释。此时戴维森所谓的真理符合论不是我们直观理解的语句与事实相对照的符合理论，而是基于量化基础上的闭语句和函项之间的满足关系，通过刻画这种满足关系来定义真；同时用来和语句对照的函项也不同于直观上用来和语句对照的事实。语句符合事实这种模式中，需要说明特殊语句对应的特殊事实，而在满足关系中，由于引入了函项中的变项这一个概念，变项并没有指向特殊的个体，所以满足可以给函项指配任意的实体。例如，我们考虑变项是专名这个简单情况，此时满足语句的东西就类似于我们谈论的日常对象，例如语句“朵勒斯爱达格玛”就由专名“朵勒斯”和“达格玛”满足函项“（）爱（）”这种方式得到满足。如果用语句符合事实这种方式说明语句，则语句“朵勒斯爱达格玛”符合事实朵勒斯爱达格玛，但是如何描述“罗勒斯爱达格玛”这个事实是个问题，因为有多少爱叫作爱，如何描述爱情这个事实也存在着众多不同的方式，这就是语句符合事实这个方式的硬伤，而用满足描述真理来说就不是问题，因为其不涉及事实。所以，用满足关系描述真理之所以被认为是真理符合论，不是因为“‘s是由所有函项所满足的’完全是指我们认为‘s符合了事实’，而只是在于，这两句话有着相同的内容：它们都是要表达语言与世界的一种关系，它们都等于是说‘s是真的’，只要s是一个（闭）语句”[①]。戴维森从语言和世界的关系这个角度解读真理概念，不同的是语句符合事实是从语句和世界的事实对照的角度加以解读，而塔尔斯基的方式是从满足语句的外在逻辑函项的角度加以解读，事实的角度明显是经验世界的角度，而函项的角度明显是外延化的逻辑的角度。用满足概念定义真理不是用形式化语言描述语句符合事实这个情况，而是通过不涉及具体个体的函项满足开语句和闭语句，从函项的角度定义了语句的真，从而精巧描述了真理符合理论。之所以把

---

① Donald Davidson, *Inquiries into Truth & Interpretation*, Oxford: Clarendon Press, 2001, p. 48.

后者视为真理符合理论，是因为用满足关系定义真理也是从语言和语言之外的事物的关系定义真，它和从语句和事实对照的角度定义真一样，也是从语言和世界的关系定义真，故此戴维森把用满足关系定义真的真理理论称为真理符合论。只不过这种符合理论不是我们直观理解的真理符合论，而是避免了作为和语句对应的事实无法被精确描述这个问题，从新的角度精巧描述的真理符合理论。

戴维森认为，对比基于满足概念的真理符合论和基于语句符合事实的真理符合论，最好用不含有变项的语句进行对比。因为基于语句符合事实的真理符合理论一般认为，能够符合事实的只能是闭语句，而塔尔斯基用满足概念定义真理涉及的语句不但包括闭语句，而且包括开语句。弗雷格认为语句的外延就是语句的真值，如果没有说明语句的真值就没有从外延上界定语句，我们是无法谈论真语句的。如果把弗雷格的观点推广到这两种真理符合理论，则“如果句子没有符合（事实，大写的事实）或（由所有的函项、序列）所满足，我们就无法谈论真句子”①。现实中往往是我们先理解语句的意思然后才能决定语句真值，如何解决这个问题，戴维森认为塔尔斯基的方案提供了一种解决方案，而基于语句符合事实的符合理论无法解决这个问题。塔尔斯基用满足概念定义真理是从满足开语句开始的：通过给变量分配不同的实体从而满足不同的开语句；闭语句是特殊的不包含任何变项的开语句，被所有函项所满足的闭语句就是真语句。可以看出，在塔尔斯基的路径中，不同的语句得到真值的途径是不同的，所有的真句子殊途同归，都达到同一个真，但是真理定义描述了每一个特殊的真句子如何通过满足关系递归得到真值的具体历程，所有句子的总和整体说明了基于满足关系的真理定义。所以，在塔尔斯基的思路中，通过具体说明开语句如何被满足，然后说明具体每个闭语句得到真的具体途径，从整体上说明真理定义，我们没有了解语句意思就了解了

① Donald Davidson, *Inquiries into Truth & Interpretation*, Oxford: Clarendon Press, 2001, p. 48.

语句的真值，这就解决了如何在确定句子真值之前谈论句子的问题。基于语句符合事实的思路就无法解决这个问题，因为所有的句子都同事实相符合，我们无法用类似塔尔斯基的用开语句解释闭语句的方式来说明语句与事实的符合。因为符合事实的只能是闭语句，如果不用类似塔尔斯基的方式说明具体语句得到真值的过程，只能求助于特殊闭语句与其他闭语句之间的关系加以解决，而所有的闭语句都同样的符合事实，求助于其他的闭语句最终还只能求助于事实，它必然结束于它开始的地方，循环论证式的说明无济于事。

戴维森认为基于事实策略的真理符合论失败的根源在于人们对真句子所符合的东西要求太多。“它们不仅是真句子所‘谈论的’对象，而且是这个句子对他们所说的一切。”① 要描述这个证实了句子的实体是很困难的，除非我们使用句子本身，使用句子本身则无法具体进一步说明具体句子的真值是如何得到的。为了谈论证实句子的实体，我们必须使用真句子来挑选出句子所对应的实体，没有别的方法可以找出句子符合的事实。挑选出句子符合的实体依赖于真句子意味着在找出真实句子为真的实体之前我们必须首先理解这个真句子，必须首先理解句子的意思和句子的真，这就陷入循环论证：为了解释句子的真，需要把句子同句子之外的实体相对照；为了描述句子对应的实体，需要首先理解句子的真。使用句子本身描述证实句子的事实这种方式的另外一个坏处就是，符合理论只能直接使用于最简单的语句，类似于陈述“雪是白的”符合事实雪是白的，复合语句例如“今天是周三并且雪是白的”就不能直接应用，符合论的方法是把这种复合语句视为是简单语句的逻辑结合，即“今天是周三并且雪是白的”视为语句“今天是周三”和语句“雪是白的”两个的合取，处理这个合取句的方式是以简单句符合其所对应的事实为基础，然后把真理解释逻辑合取。基于事实的真理符合论用量化的方式把复合句子

① ［美］唐纳德·戴维森：《对事实为真》，唐纳德·戴维森：《对真理与解释的探究》，牟博、江怡译，中国人民大学出版社 2007 年版，第 65 页。

处理为简单句子的逻辑结合，然后以简单句子的真理解释去解释复杂句子的真。这样的处理方式下复合语句所符合的事实必然被还原为简单语句的事实的逻辑结合，此时似乎就不存在复合语句符合的东西了，所以戴维森认为："只有当我们必须把概括性看作是对谓述之概念来源和句子构成部分的必要补充，而不是可以还原为它们，那么，我们才能恰当地使用更为复杂的符合论。"① 比较而言，塔尔斯基的方案中，语句对应的实体就没有这么多的要求。用来满足语句的实体不过是语言变项对象的任意组合，只有在考虑句子真理特征的满足过程中，这些被用来替代变项的实体才会被考虑到，除此之外，没有赋予这些实体更多的本体论特征。

戴维森认为谈论陈述为真或者谈论句子符合事实本身是没有问题，从语言和世界的关系这个角度论述真理也可以得到证明，戴维森反对的不是语句符合事实这个策略，而是在描述语句符合事实时相关的理论比较差劲。相比较而言，塔尔斯基的真理理论描述了真理符合论，塔尔斯基的真理符合论更为精致，所以戴维森认为不能因为传统的基于语句符合事实的真理符合论比较糟糕，就反对一切符合理论，这是不恰当的，至少塔尔斯基真理定义所描述的真理符合论还是可以接受的。

塔尔斯基用"满足"概念精巧描述了真理符合论，从真理理论公理出发证明 T 语句的过程显示了在满足关系的基础上，语句构成部分如何达到语句的真值条件，接下来的问题是塔尔斯基的真理定义如何使用事实解释真理符合论。在说明这个问题之前，戴维森引用了塞拉斯（W. Sellars）对真理符合理论的批评，在对批评的回应中，戴维森解释了塔尔斯基的真理定义如何巧妙地使用事实策略解释真理。塞拉斯认为：

---

① ［美］唐纳德·戴维森：《对事实为真》，唐纳德·戴维森：《对真理与解释的探究》，牟博、江怡译，中国人民大学出版社 2007 年版，第 65 页。

> ……除非传统的真理符合论所坚持的“符合”不仅仅有目前的语义学理论所把握的内容，除非这种更多的内容可以表明为真理的根本属性（或至少是一种更为重要的真理），否则，围绕符合的论战就不会是由符合论者取胜，而是表明其自身就是一个“虚假之物”（Scheinstreit），因为，正如我们通常所见，以下公式：
>
> “雪是白的”（在我们的语言中）是真的 = 雪是白的
>
> 被实用主义者融贯论者之类的人看作是最为平凡不过的东西。如果符合论者所谓的“符合”不过就是等于用这种等式表明的东西，那么，实用主义者和融贯论者就会有可能提出更为重要的观点……对“真理和符合”就没有什么东西可说的了。[①]

塞拉斯对传统真理符合理论批评的焦点集中于公式：“雪是白的”是真的 = 雪是白的。他认为如果这就是真理符合论所表述的真理内容的话，这样的T语句缺少关于符合概念的描述，而这些缺少的内容恰恰是真理理论本质性的，如果符合仅仅是通过T语句的等值来解释的，则关于真理和符合，我们说不出任何更深刻的东西。戴维森认为塞拉斯的评论中假定了重要的一点，即“‘雪是白的’是真的，当且仅当雪是白的”这样的句子，这样的句子是讨论的基础。塔尔斯基的真理定义中包括了所有这样的句子，“这些句子中没有任何符合概念的影子，也没有表达语句与句子所谈内容之间关系的关系谓词”[②]。

这些T语句中立于所有的纷争，它既不包含符合概念，也没有关系谓词，它们的重要作用是在用“满足”概念定义真理之后，这些句子可以经受琐碎的事实的检验。T语句本身不是肤浅的语句符合事实策略，而是作为真理定义的直觉内容接受事实的检验丰富塔尔斯基

① Donald Davidson, *Inquiries into Truth & Interpretation*, Oxford: Clarendon Press, 2001, p. 50.

② Ibid. , p. 51.

的真理定义。

奥斯汀（John Langshaw Austin）针对传统的真理符合论提出“净化的真理符合论”，斯特劳森如此描述奥斯汀的理论：“他的……理论大致是这样的：说一个陈述是真的，就是说某个言语片段是以某种便利的方式与其自身之外的世界中的某物相互联系的。”[①] 戴维森认为借助于塔尔斯基的真理定义，可以获得一种类似奥斯汀“净化的真理符合论”。只不过戴维森所谓的真理符合论不是传统意义上的基于语句符合事实的真理符合理论，而是基于满足概念的真理符合理论，所以戴维森认为真理符合理论不是应该被放弃，而是应该用塔尔斯基的方式精巧阐述。

戴维森早期坚持认为塔尔斯基真理理论是一种精致的真理符合论，后来戴维森认为：“现在看来，把这样的理论称为符合论是错误的。”[②] 戴维森反思自己早期认为塔尔斯基真理理论是一种精致的真理符合论的原因，戴维森认为：“塔尔斯基本人说过，他想让其真理定义‘公正对待坚持古典真理概念的直觉看法’，于是他援引亚里士多德在《形而上学》第四章中的一段表述‘说是者是或非者非，即为真’，并对之提出一个可供替换的表述形式：语句之为真在于它与现实相一致（或符合于现实）。（塔尔斯基补充说，人们提出‘符合论’这个词作为表达这种看法的方式。）我本人过去论证说，塔尔斯基表明如何产生的那种理论是一种符合论。我的这种说法是基于这样一种看法：如果不使用像指称或满足这样的将表达式联系到世界中对象的概念，便无法给出这样一种（真理）理论。”[③] 1990 年，戴维森在《真理概念的结构与内容》中表示：“有很严肃的理由对我的下述说法表示懊悔，即认为塔尔斯基式真理理论是一种形式的符合论。我

---

① Donald Davidson, *Inquiries into Truth & Interpretation*, Oxford: Clarendon Press, 2001, p. 53.

② ［美］唐纳德·戴维森：《真理概念的结构与内容》，唐纳德·戴维森：《真理、意义与方法》，牟博选编，商务印书馆 2008 年版，第 88 页。

③ 同上。

持这种说法的基本原因并不在于我错误地认为语句或语句表述是以某种有趣的方式符合于事物。其原因在于，我当时仍受这样一种看法的影响：即认为实在论真理观具有某种重要性；它认为真理性因而实在性独立于人们的信念或能够获取的知识（除了某些特殊情况之外）。”[①] 戴维森对塔尔斯基真理理论看法的转变受到了蒯因对真理符合论的看法的影响。蒯因认为：“在一个人说真话时，是什么使得他的陈述为真的呢？我们倾向于认为有两个因素：意义和事实。……多亏下述两种情境幸好同时发生，他是在说真话：他的语句意指雪是白的，而事实上雪是白的。”[②] 蒯因认为，语句的真假就在于语句和事实对照，如果语句符合事实则语句为真，例如“雪是白的”这个语句为真就在于事实上雪是白的，如果事实上雪是红的，那么这个语句就为假。蒯因认为这样的真理看法“有一种为关于它的陈词滥调重打包票的架势，同时，它透出烦人的哲学上夸夸其谈的味道”[③]。语句为真依赖于语句的意义和事实，以语句“雪是白的”为例，这个语句的意义是：雪是白的；事实是：雪是白的；很明显语句的意义等同于事实，因为无论如何它们具有相同的名称；正是因为这种名称相同，所以才可以说语句“雪是白的”是真的，“雪是白的”这个语句与事实符合。蒯因认为这种真理符合论“作为一张理论它是空洞的瞎诌。那种符合只成立于两个不可捉摸物之间”[④]，因为语句的意义是什么是有待说清楚的问题，同时什么是事实这个问题“从最广泛的意义上来讲，实在什么样子，乃是科学家需要去费力猜测的问题”[⑤]，两个都说不清楚的事物之间的符合更是一个说不清楚的问题，所以这

① ［美］唐纳德·戴维森：《真理概念的结构与内容》，唐纳德·戴维森：《真理、意义与方法》，牟博选编，商务印书馆 2008 年版，第 91 页。

② ［美］蒯因：《逻辑哲学》，涂纪亮、陈波主编：《蒯因著作集》（第三卷），中国人民大学出版社 2007 年版，第 379 页。

③ 同上。

④ 同上。

⑤ ［美］蒯因：《词语与对象》，涂纪亮、陈波主编：《蒯因著作集》（第四卷），中国人民大学出版社 2007 年版，第 218 页。

样的真理符合理论毫无用处。

戴维森继承和发扬了蒯因的看法，他认为真理符合论之所以出问题，是因为“真语句可对之符合的东西既不令人感兴趣又无教益”[1]。按照真理符合理论，真语句必然符合某个特殊事实或者部分事实或世界，问题是如何确定真语句符合的这个事实或者这部分事实或世界。刘易斯（C. I. Lewis）要求真理符合论者确定一个真语句符合的那个事实或者那部分世界。真语句所符合的那个事实正好是该语句所命名或者所描述的对象，例如语句“雪是白的”所对应的事实就是这个语句描述的“雪是白的”这个事实。语句所符合的事实就是语句所命名或描述的对象，所以确定语句所符合的事实依赖于说明语句所描述的对象，说明语句所描述的对象不能单独说明单个语句描述的对象是什么，而是整体上确定语句总体如何描述世界。所以，确定真语句所符合的事实最终直接依赖于语句的整体指称框架，必须在总体上说明语言如何指称世界，然后才能确定单个语句所描述的对象和语句所符合的事实。由此可见，说明单个语句所符合的事实必须说明整体上语言如何指称世界并与世界相符合的。所以结论就是：“如果真语句符合什么东西的话，那种东西必定是宇宙整体；因此，所有的真语句符合于同样的东西。”[2] 如果说所有的真语句都符合相同的东西，无法具体确定特殊真语句所符合的是什么，这样的符合论就是无足轻重的了；同时“如果只有一种东西去符合，那么，符合关系便索然无趣”[3]。真语句符合事实或者说真语句符合全宇宙，其实就是说这个语句为真而已，语句符合事实只是表述语句为真的另外一种说法。戴维森认为真理符合论“没有提供人们可以将之说成是真理性质承担者（无论我们把它们当作陈述、语句还是表述）与之符合的实体”[4]，真理符合论无法说明

① ［美］唐纳德·戴维森：《真理概念的结构与内容》，唐纳德·戴维森：《真理、意义与方法》，牟博选编，商务印书馆 2008 年版，第 89 页。

② 同上书，第 90 页。

③ 同上。

④ 同上书，第 91 页。

真语句符合的对象是什么，当然更谈不上真语句如何符合这些对象。

戴维森对塔尔斯基真理理论的不同看法反映出戴维森意义理论的不同发展历程。早期的戴维森主要借助于塔尔斯基的真理定义构建其意义理论，塔尔斯基真理定义中的符合论和实在论倾向也被戴维森继承下来。但戴维森意义理论遭到很多人的批评，有些批评是根本性的，作为批评的回应，戴维森不断调整自己的意义理论。随着戴维森自身理论的发展，戴维森也重新看待塔尔斯基的真理定义，正是在这个视角下戴维森后期反思了先前把塔尔斯基的真理理论视为真理符合论的观点，并提出完全相反的意见。

二 真理冗余论

真理冗余论最早是拉姆塞于1927年提出，后经艾耶尔（A. J. Ayer）、斯特劳森等人发展壮大的真理理论。真理冗余论认为真理并不具有传统哲学给予它的重要的、甚至是核心的哲学地位。“真的”这个谓词是多余的，说一个语句是真的仅仅等同于断定、接受或者同意这个语句。例如语句“p是真的”等于p，或者“p是真的”等于接受p、断定p或者同意p，谓词“是真的”完全多余，它并没有对判断做出任何新的描述或断定，可以在任何语境中把这个谓词删除而不会引发任何语义上的损失。真值连接词的作用类似于双重否定，“就认知内容和真值条件而论，这样的真值语句连接词是多余的”①。

拉姆塞认为，说一个语句是真的，就等于是断定命题本身。他把语句分为两类分别加以说明。一类是直接把真理谓词“是真的”归于每个明确的特殊语句。例如语句“‘恺撒被谋杀’是真的”，这个语句的意思就是恺撒被谋杀，说“‘恺撒被谋杀’是真的”无非是说“恺撒被谋杀”“是真的”不对语句语义起任何作用，完全可以消除。第二类是用“是真的”去描述没有被明确说出的语句，例如“他所说的

---

① ［美］唐纳德·戴维森：《真理概念的结构与内容》，唐纳德·戴维森：《真理、意义与方法》，牟博选编，商务印书馆2008年版，第60页。

每句话都是真的”。这个例子中，无法像第一种方式一样直接消除“是真的”。这里拉姆塞提出用量化的方式消除这种语句中的真值短语“是真的”。量化模式如下：对于命题形式 aRb，我们便可以将它解释为“对于所有 a，R，b，如果他说 aRb，那么 aRb”，对于语句“他所说的每句话都是真的”，可以解释为对于所有他所说的每句话 p 来说，如果他断定 p，则 p。这样解释以后，消除了语句中的真理谓词“是真的”，而没有造成任何语义损失。综合以上两种情形，我们用不含真理谓词“是真的”的语句代替含有真理谓词“是真的”的语句，没有造成任何语义上的损失，所以真理谓词是多余的，如果说真理谓词起作用的话，“只具有实用功能，如用来加强语气或者显示文风”[①]。真理冗余论者用不含有真理谓词的语句代替包含真理谓词的语句消除真理谓词，使得语句“‘恺撒被谋杀’是真的”被语句“恺撒被谋杀”所代替，从而消除“恺撒被谋杀”这个语句的“引号”，所以这样的冗余论也被称为“消解引号论（the disquotational theory）”。

蒯因的看法与拉姆塞不同，他认为：“把真归于一个给定的句子时，真这一谓词是多余的；你可以仅仅说出这个句子。但是对于没有给定的句子，真却是需要的。”[②] 在给定的句子这种情况下，蒯因和拉姆塞都认为真理谓词是多余的，可以消除；在没有明确说出的语句情形，拉姆塞认为真理谓词可以消除，可以通过量化的方式把复杂情形递归还原为简单情形，但是蒯因认为这种情况下真理谓词是必须的。蒯因认为，塔尔斯基式的真理定义表述了类似于拉姆塞的看法，即真理谓词“是真的”是多余的，可以消除的。例如以语句“雪是白的”为例，塔尔斯基式的 T 语句表明：“雪是白的”是真的当且仅当雪是白的。这个例子里，把语句“雪是白的”称为“是真的”并非把真这一性质赋予语句“雪是白的”，那不过是断定语句的另外一

① 陈波：《悖论研究》，北京大学出版社 2014 年版，第 152 页。

② ［美］蒯因：《真之追求》，涂纪亮、陈波主编：《蒯因著作集》（第六卷），中国人民大学出版社 2007 年版，第 524 页。

种方式。真理谓词“是真的”并不对语句语义产生影响，真值短语的作用仅仅是消除引号。蒯因在《词语与对象》中也表述过类似的看法，他认为：“说‘布鲁特斯杀了恺撒’这个陈述是真的，或者说‘钠的原子量为23’是真的，实际上不过是说布鲁特斯杀了恺撒或钠的原子量为23。”① 脚注中蒯因特意说明“关于此论点的经典论述，参见塔尔斯基的《真的概念》一文”。可见，蒯因也把塔尔斯基的真理定义视为这个思路的经典表达。

许多哲学家把塔尔斯基的真理定义视为对拉姆塞看法的形式化表达，把塔尔斯基真理定义视为真理冗余论。例如利兹（Stephen Leeds）认为，塔尔斯基的真理定义的最大用处就是给予我们说出未能明确说出语句的一种手段，例如，“我们的大多数信念为真”这样的语句，此时我们需要谈论的无限多的语句但是无法一一列出。按照拉姆塞的理论，把这种未能说出的语句用量化的方式形式化说明，这种说明方式类似弗雷格的真值函项理论。此时以语句“我们的大多数信念为真”为例，我们就可以把“我们的信念”作为量化对象用符号p表示，这句话可以表示为：对于所有的p，如果p是我的信念，则p为真。当我们用我们具体的特殊信念代替p就会产生一个关于特殊信念的真语句，所有的特殊信念真语句总体上表述了这个语句。量化方式通过枚举语句的每个实例来整体说明那些未能明确说出的语句，使得我们可以通过消除每个具体语句的真理谓词从而消除未能明确说出的语句的真理谓词。这里的问题是我们分别使用不同的特殊信念代替变量得到不同的特殊真句子，我们可以消除句子的真理谓词而不改变句子的意思，这表明替换量词p得到的不同真句子指示不同的语句内容，同样的真句子指称不同内容，这同弗雷格主张的同样真值的句子指称相同内容不协调。所以，这种处理方案并不让人满意，塔尔斯基的T—语句可以解决这个问题。

---

① ［美］蒯因：《词语与对象》，涂纪亮、陈波主编：《蒯因著作集》（第四卷），中国人民大学出版社2007年版，第220页。

塔尔斯基在消除真值短语“是真的”这方面比拉姆塞逻辑上更为严谨和精细。霍维奇（Paul Horwich）同样认为塔尔斯基的真理定义是真理冗余论，他认为塔尔斯基已经完全阐述了真理概念，塔尔斯基的工作是我们对真理概念所能做的一切。他利用塔尔斯基的真理定义构造了自己的真理理论：MT 理论。MT 理论是根据塔尔斯基的 T 模式：p 是真的，当且仅当 p 构建的。霍维奇认为，真理理论的公理由两个要素组成：其一是一个命题，其二为一个语句模式，或命题结构，其形式为：“‘……’是真的，当且仅当‘……’。”这个语句模式实际上就是一个函项，霍维奇把这个函项记为 M，霍维奇的 MT 真理理论公理构成原则为：

（x）（x 是 MT 的一个公理）↔（∃y）（x = M（y））。

霍维奇的 MT 公理利用的就是塔尔斯基的（T）语句，公理模式也是模仿塔尔斯基的（T）模式。霍维奇认为，这种表达式包含了真理的全部内容，它可以实现真理谓词的全部功能。霍维奇的看法和蒯因类似，认为在具体给定语句时，真理谓词可以消除，此时真具有消除引号的功能，但是在未给定语句的情况下，真理谓词的存在是必要的。①

有些真理冗余论也被称为缩减式真理概念（deflationary）。缩减式真理概念认为，“p 是真的”（It is true that p），或者“陈述 p 是真的”（The proposition that p is true）等价于 p，这种等价关系就是真理概念的定义。根据塔尔斯基 T 模式，缩减式真理概念可表示如下：

T1：“p 是真的”（It is true that p≡p）；或者

T2：“陈述 p 是真的”（The proposition that p is true≡）p。

紧缩式真理理论认为真理问题并不存在，真理谓词“是真的”修饰的语句等同于不含真理谓词的语句。同时，用含有真理谓词的语句不改变语义地替换不含有真理谓词的语句，这就是定义真理概念的部分方式，如果能够推出全部这种如上类似 T 模式的实例，则可以适当

① 参见叶闯《理解的条件——戴维森的解释理论》，商务印书馆 2006 年版，第 104—105 页。

地定义真理概念。这些 T 模式的实例的总体给出了真理谓词的全部内容，人们掌握真理概念就是通过接受这些具体 T 模式例证的相关语句知识而得到。[①] 很明显，真值缩减理论借用了塔尔斯基的 T 模式，而很多的真理缩减论者也把塔尔斯基的真理定义视为真理缩减理论。例如索莫斯（Scott Soames）就赞成把塔尔斯基的真理理论视为缩减式真理理论，菲尔德（Hartry Field）在《缩减式真理概念》一文中认为真理概念超出缩减式真理理论是多么的困难的，而塔尔斯基的真理定义可视为缩减式真理概念的经典表达。同时他认为尽管消除引号论者可以利用塔尔斯基的真理定义但是不应该把塔尔斯基的真理定义视为消除引号论真理理论，而应该是缩减式真理理论。[②]

戴维森认为缩减式真理理论需要说明 T2 中“陈述 p（The proposition that p)”的语法作用才能说明它所主张的内容。说明“陈述 p”的作用可以用弗雷格的方式说明：把陈述 x 视为函数表达式。当代替 x 的陈述 p 为真，则“is true”是真的，当代替 x 的陈述 p 为假，则“is true”是假的。此陈述 p 的作用就是指示陈述“The proposition that p is true”的真值（真或者假）。用弗雷格式的方式说明陈述 p 的作用必须首先假定陈述 p 的真假才能实现，这已经提前预设了真理概念，用这种方式无助于说明真理的作用。第二种可行的思路是用罗素的方式说明陈述 p 的作用我们必须说明“The proposition that”连接的 p 的作用。如果把 p 的作用视为被提及，则被提及总是相对于某种确定的语言的，不同的语言中 p 的意义是不同的。这表明解释语句的真必须结合语句的意义，这时真理概念不再是微不足道和琐碎的，这就破坏了缩减式真理概念的看法。缩减式真理概念没有很好的提供一种避免提及语法的方法来避免这个问题，它不能很好地解释真理概念。

塔尔斯基认为事情并不像冗余论者想象的那么简单，消除真理谓

① 参见陈波《悖论研究》，北京大学出版社 2014 年版，第 152—153 页。

② Hartry Field, *The Delationary Conception of Truth*, *C. Wright & G. McDonald Facts*, *Science and Morality*, New York: Blackwell, 1987, pp. 55 - 117.

词不总是能够实现的。他以非给定语句的消除为例，指出了真理冗余论者消除真值短语存在的难题，即使是给定语句的消除也不总是轻而易举的，例如语句“柏拉图写下的第一个语句是真的”这个句子，除非给定柏拉图写下的第一个句子，否则这个消除是存在困难的。许多真理冗余论者也看到塔尔斯基指出的这种消除真值短语的困难，并提出不同的解决方案。塔尔斯基认为不能因为真理谓词可以消除就怀疑其真理定义的合理性，他论述说：“如果有任何人根据对于‘真的’这个词语可以依据它的定义而加以消除这种理论上的可能性，而坚决主张真理概念是无效的，他就必须接受所有被定义的概念都是无效的这个更进一步的结论。”[①] 塔尔斯基用反证法批驳了可以用不含有真理谓词的语句代替含有真理谓词的语句从而质疑其定义正确性的这种荒谬的看法。真理冗余论者承认塔尔斯基定义的合理性，认为其逻辑地表达了真理冗余论的内容，塔尔斯基的（T）模式也被众多真理冗余论者作为表达自己想法的基础。塔尔斯基是否把其真理定义视为真理冗余论不得而知，但戴维森坚决反对把塔尔斯基的真理定义视为真理冗余论。

戴维森认为，塔尔斯基的真理定义的确可以消除引号，但是塔尔斯基的真理定义并非仅仅是严格地消除引号式的。戴维森同意真理冗余论的看法，即塔尔斯基的真理定义可以消除引号。例如，以“‘雪是白的’是真的”为例，根据塔尔斯基的理论，可以证明“‘雪是白的’是真的”等价于“雪是白的”。所以，在语句“‘雪是白的’是真的”这个语句中，“雪是白的”被作为语句名称使用，含有这个名称和真理谓词构成的语句（‘雪是白的’是真的）等价于其中被提及的语句“雪是白的”本身，前一个语句（‘雪是白的’是真的）中被提及的语句（“雪是白的”）被语句本身所代替，从而消除引号。消除引号的同时也消除了真理谓词“是真的”，这一点是戴维森和真理

① ［美］A. 塔尔斯基：《语义性真理概念和语义学基础》，马蒂尼奇主编：《语言哲学》，牟博、杨音莱、韩林合等译，商务印书馆 1998 年版，第 105 页。

冗余论都承认的，戴维森不同于真理冗余论，他认为：“塔尔斯基向我们表明如何消除真理谓词，这是由于真理谓词被明确地加以定义。这清楚表明，塔尔斯基的真理定义并非是严格地消除引号式的。”①塔尔斯基消除真理谓词，是为了明确定义真理，消除真理谓词只是定义真理的手段，并不是真理定义的最终目的。塔尔斯基的目的是为了定义真理，并不是消除真理谓词，所以戴维森认为塔尔斯基的真理定义中，并没有依赖于从单独语句消除真理谓词，也没有从具体真语句消除真理谓词。当用另外一种不同的语言来定义语言的真理时，这种差距更加明显，例如“‘Schnee ist weiss’（在德语中）为真”这个句子中，给语句“Schnee ist weiss”去除引号并不能得到英语中的相应等价语句。所以，塔尔斯基的真理定义虽然可以消除真理谓词，但并不总能消除真理谓词，而且塔尔斯基真理定义消除真理谓词只是为真理定义服务的，而不是真理定义为消除真理谓词服务。所以，戴维森认为把塔尔斯基的真理定义视为消解引号式的真理冗余论是不合适的，其搞错了塔尔斯基工作的主要目的。

缩减式真理理论把塔尔斯基视为同道的一个原因就在于，他们认为塔尔斯基的真理定义并没有给出一般性的真理概念，没有完全把握真理概念的本质。塔尔斯基的真理定义允许我们在一切的语境中替换和消除他所定义的真理谓词，而这不会改变语句的语义。问题是消除这个真理谓词后，并没有用其他的概念来解释和说明真理谓词，这一点使得很多学者（如达米特、普特南等）认为塔尔斯基的真理定义并没有把握真理概念的本质。批评者认为塔尔斯基的真理定义仅仅是给出了语句为真的充分必要条件，并没有说明真理概念是什么，这种真理定义与我们日常对真理的理解毫无关联，所以塔尔斯基并没有给出一个一般性的真理定义，他没有以形式上的手段来把握引进真理谓词的“要旨”。塔尔斯基也谈论过此种批评，他说：“我被告知，我

---

① ［美］唐纳德·戴维森：《真理概念的结构与内容》，唐纳德·戴维森：《真理、意义与方法》，牟博选编，商务印书馆2008年版，第64页。

的真理定义在这方面没有抓住这个概念的‘本质’，尽管它表达了语句为真的充分必要条件。”[①] 塔尔斯基对这种批评的回应简单明确：“由于我从来也没有能够理解概念的‘本质’是什么东西，我必须请求原谅不再继续在这一点上讨论下去。”塔尔斯基认为，概念的本质是一个模糊不清楚的概念，所以谈论真理概念的本质是没有意义的。塔尔斯基相信“我们的表述与亚里士多德的表述的直觉内容是一致的”[②]，他的工作就是精确地描述真理概念，只有精确理解真理概念，才能谈得上其他问题。

戴维森认同塔尔斯基的真理定义并没有为一般性真理概念下定义，“塔尔斯基表明如何为若干合式语言中的任何一种来定义一个真理谓词，但是他的定义并没有告诉我们这些诸多（真理）谓词之间的共同之处”[③]。在塔尔斯基的真理定义结构中，他无法给出一个一般性真理定义，由于这个原因，达米特等人认为塔尔斯基的真理定义在完全把握真理概念方面是十足失败的。戴维森认为，之所以认为塔尔斯基真理定义在把握真理概念方面是失败的，主要的原因是“塔尔斯基的真理定义并没有告诉我们如何将所定义的概念运用于新事例”[④]，这一特征在塔尔斯基真理定义中非常明显，一方面，塔尔斯基的真理定义依赖于通过枚举给出真理谓词的外延。例如（T）语句：“雪是白的”是真的，当且仅当雪是白的。这个具体的（T）语句给出了部分真理定义，通过枚举所有类似的（T）语句就整体上定义了真理概念。塔尔斯基的真理定义是通过枚举真理谓词的外延来定义真理谓词，所以真理谓词必然只能适用于这个范围，无法处理集合范围之外新的或者一般性的对象。另一方面，在用“满足”概念递

---

① ［美］A. 塔尔斯基：《语义性真理概念和语义学基础》，马蒂尼奇主编：《语言哲学》，牟博、杨音莱、韩林合等译，商务印书馆 1998 年版，第 107 页。

② 同上书，第 106 页。

③ ［美］唐纳德·戴维森：《真理概念的结构与内容》，唐纳德·戴维森：《真理、意义与方法》，牟博选编，商务印书馆 2008 年版，第 65 页。

④ 同上书，第 67 页。

归定义真理概念的过程中，是在有限的基础对象的基础上推出全部真理概念对象，这一步骤也同时表明真理定义必定无法处理新的事例。

戴维森认为，塔尔斯基的定义“并不想要在一个旧有词项上妄自塞进新意义，而是要‘把握旧有概念的实际意义’”[①]。塔尔斯基通过把握真理概念的实际意义，以此确保真理概念所定义的是语言中的真语句集合，戴维森认为塔尔斯基“通过真理谓词的外延而定义真语句类，但他并未给出其意义”[②]，“尽管塔尔斯基告诉了我们很多我们想要知道的关于真理概念的内容，但必定还有更多内容”。这个更多的内容就是塔尔斯基的真理定义并没有告诉我们的不同真理谓词所共有的内容是什么，而这确切是真理概念的内容。所以，戴维森认为需要去解释更多塔尔斯基真理概念未能揭示的内容，要达到这个目的，显然单纯塔尔斯基的约定 T 这种模式不再适用，戴维森的方法增加塔尔斯基真理理论的约束条件，戴维森用“经验证实”作为塔尔斯基真理理论的约束条件，本章第二节将会重点论述这个内容。

三　真理融贯论

真理融贯论反对真理符合论，融贯论者认为一个语句的真不在于它符合或者对应事实，而在于它与它所在的语句系统中其他的语句是否融贯：如果融贯则为真，如果不融贯则为假。真理是语句或者信念之间的融贯关系，一个语句如果与其他语句相融贯，则这个语句是真的。检验一个语句是否是真语句，不是和事实对照，而是把它放在一个语句集合中考察。

真理融贯论起源于对符合论的不满，特别是对于符合论假定语句与外在的事实对照不满。例如，纽拉特（O. Neurath）认为，我们不可能从我们身处其中的世界中抽身出来，作为这个世界的旁观者，从

① ［美］唐纳德·戴维森：《真理概念的结构与内容》，唐纳德·戴维森：《真理、意义与方法》，牟博选编，商务印书馆 2008 年版，第 76 页。

② 同上书，第 78 页。

而超然地把语句和语句所谈论的实在相比较。某种意义上来说，我们看到的世界是我们的生理结构所决定的我们“能够”看到并且我们的大脑希望看到的世界，世界本身已经被我们的概念框架所污染，我们看到的世界就不再是客观世界，而是带有主体个性的主观世界。所以，用来确定语句真假的纯粹客观事实和客观实在是不存在的，起作用的只是被我们认识到，纳入我们概念系统中的所谓事实和实在。我们概念系统中的事实和实在都以语句的方式存在，所以语句与事实或者实在对照，本质上是系统内的一些语句与其他语句相对照，语句的真假就在于它与它所属的概念系统的其他语句之间是否相互融贯。[①] 融贯论相比较于符合论来说，无须设定与人无关的事实这个过强的本体论假设，更多从认识论角度把世界理解为我们对世界的认知，这更加接近于人们的经验感受。同时相对于符合论单个语句与事实的对照符合，融贯论更强调概念系统整体的融贯和一致，布拉德雷（F. H. Bradley）认为融贯论用隐含的方式强调真理的整体性和全面性，只有整体上把握真才能避免用真理符合部分把握真理概念所带来的片面性。

语句与其所属系统融贯即为真，但一个语句如何才算做和其所在系统的其他语句相融贯，不同的融贯论者提出的标注不同。最弱的标准是不违反亚里士多德的矛盾律即可，不矛盾即为融贯；强的标准认为融贯的系统必须能够丰富和强大，足以把一定范围内的真语句都容纳进来，没有一个真命题会落在真理系统之外。

戴维森认为，真理融贯论最大的问题是“有可能存在众多不同的相容信念集，而它们之间彼此是不相容的”[②]。根据融贯论，每个系统自身融贯即为真，但是自身融贯的系统合并为一个更大的系统时可能不相容，此时这个更大的系统就不是真的。那么，对于其中的语句来说，它们就既是真的又不是真的。这是融贯论招致批评的一个重要

① 参见陈波《悖论研究》，北京大学出版社 2014 年版，第 151 页。

② ［美］唐纳德·戴维森：《真理概念的结构与内容》，唐纳德·戴维森：《真理、意义与方法》，牟博选编，商务印书馆 2008 年版，第 93 页。

方面。同时，世界上还存在着众多融贯但根本是谬误的系统。例如远古神话、谎话等可能理论自身天衣无缝，语句在系统内部融贯，但系统本身确实彻头彻尾的荒谬。这说明融贯只是理论为真的必要条件，但不是理论为真的充分条件，单独把融贯作为标准是有问题的。

戴维森在讨论塔尔斯基真理定义时，把真理融贯论作为认识性真理概念加以处理。戴维森认为："我把真理融贯论归类为认识化理论，……那些提出融贯论的人，例如纽拉特和卡尔纳普（Rudolf Carnap）（曾经一度是持这种看法的人），通常清楚表明：其相容性足以使之为真的是信念集合（或被当成真的语句之集合）；这便是我之所以把真理融贯归类为认识化理论的理由：它们将真理性直接联系到信念。"[①] 戴维森之所以这么处理，是因为他认为"真理融贯论的内在动机通常是认识性的"[②]。戴维森把真理融贯论视为认识性真理概念，主要是强调真理融贯论的认识论角度，强调真理概念与信念概念的关系。

戴维森认为，认识性真理概念是对塔尔斯基真理定义补充内容的一种通常做法。既然塔尔斯基的真理定义中没有定义一般性的真理概念，除了消除真理谓词这种微不足道的作用之外，我们不能从塔尔斯基的真理定义中得到更多内容。如果这样的话，戴维森所期待的真理概念与意义概念之间，甚至真理概念和信念概念之间的联系就不存在了。所以戴维森为了用塔尔斯基真理定义来为其意义理论服务，需要给塔尔斯基的真理定义增加内容，因为"塔尔斯基从未断定其真理谓词起着超出对特定语言中的真语句加以甄别之外的作用。他当然并不认为他定义了一般性真理谓词，他也不旨在超出外延性。把握区别于外延的意义并不是他的方案的目的之一"[③]。给塔尔斯基所刻画的真理定义系统添加什么内容，"当代在这一问题上的大多数提议可宽泛地划分为两类：一类通

---

① ［美］唐纳德·戴维森：《真理概念的结构与内容》，唐纳德·戴维森：《真理、意义与方法》，牟博选编，商务印书馆 2008 年版，第 93 页。

② 同上书，第 83 页。

③ 同上书，第 79 页。

过将真理概念弄成基本的认识性概念而将其人化；另一类则提倡某种形式的符合论”。前面我们已经讨论过真理符合理论，此处不再赘述，这部分内容将集中讨论戴维森对认识性真理概念的看法。

认识性真理概念拒绝传统的真理符合论，用人的认识状态的描述来代替符合论真理概念，戴维森重点分析普特南的认识性真理概念。普特南拒绝传统意义上的真理符合论，这种理论假定在人的认识之外存在着独立于人的外在世界，语句的真就在于和这个世界相符合。普特南认为这样的真理概念假定独立于认知者的世界的存在，人类的语言和独立于人的世界存在联系，这种联系必然也是独立于认知者的，这种联系必然是作为现实的人在认识论上无法把握的。所以声称可以描述或者理解这种关系的人，必然是站在上帝的角度看待问题的，普通人是无法做到的。普特南认为，真理符合论所描述的世界必然是外在的世界，这样的世界“由独立于心灵的对象的某种确定总和构成，对‘世界的存在方式’恰恰只有一个真实的、完全的描述。真理把握语词或思想符号与外在事物和事物集之间的某种符合关系”[①]。为了同外在的真理符合论相区别，普特南把他的理论成为内在化理论。普特南指出：

“我要为之辩护的那个观点还没有一个确定的名称。在哲学史上，它出现得比较晚，甚至在今天，它还一直被同其他一些根本不一样的观点搅在一起。我将称这种观点为内在主义观点，因为这种观点的特征在于，它认为世界由什么对象构成这个问题，只有在某个理论或某种描述之内提出才有意义。许多的但尽管不是所有的‘内在主义’哲学家进一步认为，对世界的‘真的’理论或描述不止一个。在内在主义看来，‘真理’是某种（理想化的）合理的可接受性——是我们的诸信念之间，我们的信念同我们的经验之间的某种理想的融贯，同时那些经验本身在我们的信念系统中得到了表达——而不是我们的

① Hilary Putnam, *Reason*, *Truth and History*, Cambridge: Cambridge University Press, 1981, p. 49.

信念同不依赖于心灵或不依赖于话语的'事态'之间的符合。并不存在我们能够知道或者能够有效想象的上帝的视角；存在着的只是现实的人的各种观点，这些观点反映了他们的描述和理论为之服务的各种利益和目的。"[①] 普特南认为真理概念是合理可接受的信念之间的融贯，不同的人存在着不同的真理系统和真理观念。

戴维森反对普特南的认识性真理概念，因为"认识论理论是怀疑论的，……它们是怀疑论的原因并不在于它们使现实不可知，而在于它们将现实缩减到远远小于我们相信其实际如此的程度"[②]。叶闯认为："认识论真理观的错误在于其特定的认识论视角，从那里出发看真理问题，将会产生怀疑论和相对主义，从而无法说明具有客观意义的真理。"[③] 普特南认为如何描述世界依赖于具体的描述框架，不同的描述框架下世界可能呈现出不同的图景，而这些不同的世界图景都是真的。此时，不同世界图景背后的所谓公共世界是什么就是一个无法说清楚的问题。不同的人在不同的框架下所描述的世界不同，在这样的基础上不同人之间的理解和解释就很难发生，这也是戴维森不满真理认识论的一个重要原因。

同时，普特南的认识论真理概念无法保证真理这个概念的主体间性和客观性。"你的语句和我的语句可能彼此矛盾，然而都'对于说话者'为真。难以想象在怎样一种语言中这种立场可以融贯地表达。造成这种麻烦的起源又是那种力图使真理可通达的需要。"[④] 真理依赖于人的认知状态，这就导致彼此矛盾的语句对不同认知状态的人，可能都是真的，同一个人系统内部真理是融贯的，但是不同的人之间真理概念可能并不融贯。根据普特南的看法，真理是有限的人在特定

---

① Hilary Putnam, *Reason*, *Truth and History*, Cambridge: Cambridge University Press, 1981, pp. 49 – 50.

② ［美］唐纳德·戴维森：《真理概念的结构与内容》，唐纳德·戴维森：《真理、意义与方法》，牟博选编，商务印书馆 2008 年版，第 84 页。

③ 叶闯：《理解的条件——戴维森的解释理论》，商务印书馆 2006 年版，第 124 页。

④ ［美］唐纳德·戴维森：《真理概念的结构与内容》，唐纳德·戴维森：《真理、意义与方法》，牟博选编，商务印书馆 2008 年版，第 95 页。

状态下的合理的融贯信念系统，如果比较不同主体的真理概念会发现，不同人的观点不同，他的真理概念也不同。不同的人在不同的时间，认知状态不同，真理概念也会改变。这就导致了真理成了相对于有限的人随时间流逝而改变的认识状态，真理性质随时可以失去或接受。同一个语句，对不同的人在不同的时间，有时候为真，有时候未必。而这明显使得真丧失了主体间性和客观性，真理概念就成为无法公共沟通的概念，这明显违背我们对真理概念的直觉。虽然普特南用“理想化”条件来对可接受的真理概念进行限制，但效果并不令人满意，戴维森认为这样的真理概念是不可理解的。

戴维森认为认识性真理概念不能令人满意，所以用它改造塔尔斯基的真理定义必然不能成功。那么，应该如何改造塔尔斯基的真理定义，戴维森重新考察塔尔斯基真理定义的递归过程，希望从中发现答案。塔尔斯基的真理递归定义主要有如下步骤：首先，在初始词汇的基础上规定对象语言的语句；其次，用递归的方式描述满足关系；最后，用满足关系定义真。戴维森希望从塔尔斯基真理定义的最后一步开始讨论，即从塔尔斯基利用满足关系定义真开始讨论。戴维森认为：“在满足概念或真理概念之间，我们究竟把哪一个语义概念作为基本概念，这从形式观点来看是可以自由选择的。”① 戴维森认为，塔尔斯基把哪个视为初始概念是不确定的。一方面，正如塔尔斯基真理定义所体现的，塔尔斯基首先描述了“满足”这个语义学概念，在此基础上定义真理概念，这样看，塔尔斯基似乎是把满足概念作为初始概念，用它来定义真理概念；但另一方面，塔尔斯基的约定—T体现了我们对真理概念的直觉，“约定—T 在确定由理论所刻画的真具有直觉上的真理概念相同的外延这方面发挥关键作用”②。约定—T总体上刻画了真值概念的外延，真理定义是在这个基础上用满足这个

① ［美］唐纳德·戴维森：《真理概念的结构与内容》，唐纳德·戴维森：《真理、意义与方法》，牟博选编，商务印书馆 2008 年版，第 84 页。

② 同上。

概念解释真理概念，这样看似乎把真理概念作为初始概念，把满足当作对真作出正确解释的一种关系。戴维森从塔尔斯基真理定义所依赖的基础出发分析塔尔斯基定义中的真理概念与满足概念之间的关系。塔尔斯基的真理定义发生的基础是我们对真理概念的直觉的逻辑表述，即T语句，真理定义是对这种真理直觉的解释，满足关系是用来解释我们已经得到的真理概念在某种具体对象语言中的使用。所以，戴维森认为，塔尔斯基做了第二种选择。戴维森这么说的理由是他认为"塔尔斯基在求助于约定-T时假定了对于真理概念的一种在先的（直觉上的）把握；然后他表明这种直觉如何可以针对特定语言而在细节上加以补充完备。这种补充完备要求引入作为语词和事物之间关系的一种指称概念，即某种类似满足那样的关系"①。

塔尔斯基的真理概念产生于形式化语言中，即依赖于对象语言语句的递归说明。在说明对象语言如何在初始词汇的基础上递归产生的过程中，说明了逻辑上对象语言语句如何依赖于其组成部分。说明对象语言语句的组成如何依赖其组成部分，这个过程并没有求助于外在的类似于指称或者满足这样的语义学概念，其仅仅是借助于逻辑连接词实现了这一步。这种做法与传统做法完全相反。根据传统理论，我们总是在先理解语句词汇的基础上，然后才能理解语句的。例如理解"雪是白的"这个语句，我们首先要理解语词"雪""是白的"它们的语义学含义，然后在语句语法的基础上才能理解整个句子。语词的含义解释了语句的含义，所以必须先理解语词然后才能理解语句。而塔尔斯基的思路是在不理解语句构成成分语义学特征的基础上就理解了整个语句，这个做法与传统是不和的。戴维森认为，之所以如此是因为传统的解释目标是说明为何这个句子为真，它以合适的真理理论为条件，塔尔斯基的思路是在假定我们把握真理直觉的基础上，说明我们对具体某种对象语言的真理解释为何是正确的。二者的目标是不同的，传统做法的目的是为了解

① ［美］唐纳德·戴维森：《真理概念的结构与内容》，唐纳德·戴维森：《真理、意义与方法》，牟博选编，商务印书馆2008年版，第85页。

释语句何以为真，这就需要预先知道语句为真的条件（传统符合论中，语句符合事实），然后了解语句中语词的所指和语句语法（“雪是白的”这个语句，“雪”这个语词指称世界中的雪，“白”这个词指称世界中的白色，“是”这个谓语连接整个句子，所以解释语句“雪是白的”是真的，需要理解真理符合论，以及语词的指称以及语法学知识），在此基础上解释语句何以为真。塔尔斯基的思路是在把握真理直觉的前提下，如何解释某种对象语言的真理概念。一种适当的真理定义必须能够体现我们对真理概念的直觉，即推出所有的T—语句，具体每一个T—语句就是我们检验每一个语句是否符合真理直觉的步骤，T—语句整体就可以检验我们解释对象语言的真理概念是否符合我们的真理直觉。而具体T—语句没有提及任何语义学概念，所以对T—语句的检验也就独立于这些概念，因此塔尔斯基的真理定义可以在不涉及语句构成部分外在语义学概念的基础上，在初始词汇的基础上仅借助于对象语言结特征就可以对语句的真做出解释。

检验T—语句是证实某种对象语言真理解释的最好方式，而检验T—语句具体来说必须放在具体语境中进行，所以在塔尔斯基真理定义中，“可以公共观察到的是语境性使用，真理概念是我们对之有着最好理解的语义概念”[①]。观察具体语境中T—语句是否成立，这是我们理解真理概念的最直观的方式，所以，戴维森认为某一种对象语言的真理理论是否正确，这是事实上可以查证的，我们有着最好的理解的，所以从这方面看，塔尔斯基的真理定义中所欠缺的并不是上述讨论的真理理论，所欠缺的是与具体语言使用者的联系。“如果没有发出或写下语句记号而使用语句的人，则没有什么东西会算作是一个语句。任何一种关于真理概念的完全性解释都必须与实际语言交流相联系。”[②]只有在具体语言使用者使用语句交流的具体语境中，才能存在检验

---

① ［美］唐纳德·戴维森：《真理概念的结构与内容》，唐纳德·戴维森：《真理、意义与方法》，牟博选编，商务印书馆2008年版，第86页。

② 同上。

T—语句的可能。而检验T—语句首先必须理解T—语句中对象语言的意义，例如要检验T—语句：“‘雪是白的’是真的，当且仅当雪是白的。”首先需要理解语句“雪是白的”它的意义，检验才能得以进行，所以只有理解某个对象语言的语句具有独立于该语言的真理概念的意义，该真理定义是否合适这个问题才能成立。

戴维森认为：“如果我们一般地知道是什么使得真理理论正确地运用于一个或一组说话者，我们便可以被合乎情理地说成是理解了真理概念；如果我们能够确切地说明是什么使得这样一种理论为真，我们便能够对于真理性质给出一个明确的解释（也许是一个定义）。关于一种真理理论的正确性而与一种标准相对的最终证据必定在于有关说话者使用语言之方式的可得到的事实。”① 戴维森把真理概念直接和语言使用者相联系，确切说和说话者使用语言方式这个可观察的事实相联系，最终把真理理论变成有事实证据支持的实证概念。说话者使用语言的这个事实不但包括我们对语句意义的理解，也包括对说话者信念的理解和把握，这样把真理概念和语言使用者联系起来，就克服了塔尔斯基真理定义中内容过少的问题，从而把真理概念同意义概念和信念概念联系起来，这样修改后的真理概念足以支撑起戴维森的意义理论。戴维森如此理解的真理概念真切体现在他的彻底解释理论之中，彻底解释仔细探讨了真理概念、意义概念和信念概念之间的问题，在文章后续部分，我们将会详细论述戴维斯如何理解真理概念。

第二节　外延充分的真理理论

戴维森认为外延充分的真理理论完全把握真理概念，外延充分的真理理论足以解释语句意义。路德维希指出：“利用真理论追求组合性意义理论目标的要点是，无需比指称理论所要求的更多的资源，这

① ［美］唐纳德·戴维森：《真理概念的结构与内容》，唐纳德·戴维森：《真理、意义与方法》，牟博选编，商务印书馆2008年版，第86页。

种工作就使我们能够揭示一个语句的组合结构，同时为这个语句提供一个匹配的理论语言语句，如果我们知道有关真理论的一些适当的事情，我们就知道这个匹配的理论语言语句翻译了对象语言语句。这使得我们能够解释对象语言语句任何可能的口头表达。”① 外延充分的真理理论提供了全部对象语言的匹配语句，使得我们能够解释任何对象语言语句，外延充分的真理理论提供了意义理论所要求的全部东西。但并不能说外延充分的真理理论就是意义理论，戴维森从来没有要求真理理论起到意义理论的作用，我们是通过外延充分的真理理论解释每个对象语言语句的意义，真理理论整体上解释对象语言的意义。

传统意义理论主要致力于寻求一种指称理论，即在确定表达式组成部分指称内容的基础上，根据表达式的逻辑结构确定表达式的意义。戴维森意义理论并不是传统意义理论的思路，虽然戴维森在说明意义理论组合性时从初始表达式出发结构性构建复杂表达式，这一步和早期维特根斯坦很相似，但是戴维森并没有像维特根斯坦一样致力于为初始表达式指派指称，进而赋予初始表达式意义，在此基础上构建复合表达式的意义，而是寻求一种自然语言真理理论，利用真理理论［约定（D）］解释复合表达式的意义，全体真语句解释了自然语言全部语句的意义，从而构建自然语言的意义理论。戴维森意义理论的论述思路不是传统意义理论思路的延续，而用新的研究途径取代了旧有的研究路径，“他所提倡的不是一种在传统的瓶颈口周围工作的方法，而是对于传统方案的代替”②。

戴维森认为外延充分的真理理论足以把握概念解释语句的意义，他认为外延充分的真理理论总是解释性真理理论，可以解释语句的意义。但事实上外延充分的真理理论并非总是解释性的，存在着一些非

---

① ［美］柯克·路德维希主编：《唐纳德·戴维森》，郭世平译，复旦大学出版社2011年版，第48—49页。

② 同上。

解释性的真理理论。例如，根据塔尔斯基真理定义［约定（T）：s是t当且仅当p。］，可列出由s和p构成的真值表如下：

s	p	s≡p
T	T	T
T	F	F
F	T	F
F	F	T

真值表中，只要s和p真值相同，相应的语句即为真语句，它便是具体的T定理。此时，我们并不关心s和p所代表的语句的涵义，只要其真值相同T语句即可成立。戴维森认为外延充分的真理理论足以解释语句意义，无须考虑任何其他语义学内容。按照如上真值表，我们既可以构造出T语句："'雪是白的'是真的，当且仅当雪是白的。"也可以构造出另外的T语句："'雪是白的'是真的，当且仅当草是绿的。"很明显语句"'雪是白的'是真的，当且仅当草是绿的"是真语句，因为语句"'雪是白的'是真的"和"草是绿的"都是真语句，所以语句"'雪是白的'是真的，当且仅当草是绿的"是真语句，它应该是外延充分的真理理论的一个定理。按照戴维森使用真理理论解释语句意义的方式，语句"'雪是白的'是真的，当且仅当草是绿的。"给出语句"'雪是白的'是真的"它的成真条件：即语句"'雪是白的'是真的"的成真条件是"草是绿的"。所以，语句"草是绿的"解释了语句"雪是白的"，"雪是白的"这个语句的意思就是"草是绿的"。这样解释语句意义明显不对，但是却符合戴维森的意义理论思路。"我们将一个谓词公理用另一个来替换，这个谓词公理在给出真值条件时使用与原来谓词外延相同但并不同义的谓词，那么我们就拥有了一个外延上适当的真理论，只要原来那个真理论是

外延上适当的。但这两个理论不可能都是解释性的。”[①] 外延充分的真理理论并非总是解释性真理理论，可能存在着众多不同的外延充分真理理论，如何从众多不同的外延充分的真理理论中鉴定解释性真理理论以及解释性定理是戴维森意义理论不得不面对的问题。

如何避免这种问题，戴维森在《真理与意义》一文中初步探讨了这个问题。为了区别于正常的T语句，戴维森把上述类型的语句称为约定（S）。戴维森明确反对约定（S），他认为：“（S）可能不会激励起同样的信心使我们认为，可从中衍推出（S）的理论真的被称为意义理论。”[②] 戴维森反对的是可以使用约定（S）解释语句意义，但他并不反对把约定（S）作为表征真值谓词的一种方式，“（S）的荒唐性本身与它作为其推断的理论并不抵触，假如这种理论对每个语句都给出正确的结果的话（根据它的结构，没有其他的方式）。难以看出（S）如何能够参与这项工作，但是，假如（S）是参与者（这也就是说，假如（S）是根据对‘是真的’这个谓词的表征［它导致真理与真理、谬误与谬误这种恒定不变的配对关系］而得出的），那么，我认为，就没有任何一种这样的东西，它对于依然有待于人们去把握的意义概念是必不可少的”[③]。戴维森承认约定（S）是真理谓词的一种表征方式，它表征了真值表中双向等值式为真的可能情况，但是如果把约定（S）作为解释语句意义的真理理论是不合适的。

戴维森认为，之所以出现S语句是因为S语句缺乏对于把握意义概念必不可少的关于“那是雪”和“这是白的”以及“那是草”和“这是绿的”等相关内容的把握和理解。戴维森认为替换双向等值式左右两边变量的语句，必须在经验上具有相关性，“当形如‘s是真的当且仅当p’的语句是一种真理理论的推断时，出现在这类语句的

---

① ［美］柯克·路德维希主编：《唐纳德·戴维森》，郭世平译，复旦大学出版社2011年版，第52页。

② ［美］唐纳德·戴维森：《真理与意义》，唐纳德·戴维森：《对真理与解释的探究》，牟博、江怡译，中国人民大学出版社2007年版，第38页。

③ 同上。

双向条件式右边的p，并非通过冒充同义词，而是通过下述这种方式在确定s的意义的过程中发挥作用，这种方式就是，对那张显示出关于s的意义所要知道的东西的图画（它被看做是一个整体）画龙点睛地再加上一笔。之所以要加上这一笔，是依据于这样一个事实，这就是代替‘p’的语句是真的当且仅当s是真的”[①]。戴维森拒绝约定（S）的依据是，要求代替双向等值式左右两边的语句必须在经验层面有联系，即必须事实上“代替‘p’的语句是真的当且仅当s是真的”，从而避免出现语句“‘雪是白的’是真的，当且仅当草是绿的。”戴维森认为外延性真理理论中，替换双向等值式左右两边的句子必须实际经验上具有相关联系。可证实的真理理论排除（S）语句在自然语言是自然而然的，因为自然语言的语句是含有指示词的，它的真假需要和具体的语境相联系。我们在具体生活经验中来检验语句“雪是白的”肯定是不会找到“草是绿的”来检验。之所以出现（S）语句只是因为外延充分的真理理论只是从语句外延（真值）的角度构建真理理论，才会出现这样的结果，可证实的真理理论放在具体的自然语言语境中是不会出现这个问题的，所以戴维森通过增加对真理的经验性约束，从而把自然语言真理理论同具体使用语境联系起来，自然就可以排除（S）语句。所以虽然我们可以构建真的双向等值式“‘雪是白的’是真的，当且仅当草是绿的。”但是“在我们并不确信一个语句的真实性的情形下，仅当真理谓词使得那个语句与我们具有充分理由相信与其等值的另一语句配对时，我们才能信任真理谓词的表征”[②]。我们不能把语句“‘雪是白的’是真的，当且仅当草是绿的。”作为真理谓词的表征，所以当然不能衍推出相应的意义理论。

S语句表明外延充分的真理理论并非总是解释性的，外延充分的真理理论不足以解释语句的意义。塔尔斯基从未断言其真理谓词具有

---

① ［美］唐纳德·戴维森：《真理与意义》，唐纳德·戴维森：《对真理与解释的探究》，牟博、江怡译，中国人民大学出版社2007年版，第38页。

② 同上书，第39页。

除了鉴别真语句之外的其他功能，T语句仅有的功能是把具有相同真值的元语言语句和对象语言语句连接起来表述对象语言语句的真值条件，解释语句的意义并不是T语句的额外功能。为了使用塔尔斯基真理理论解释语句意义，需要给外延充分的真理理论增加约束条件。

同时，戴维森利用塔尔斯基的真理理论解释语句的意义，存在循环论证的嫌疑。戴维森用语句的真值条件解释语句的意义，例如T语句："雪是白的"，当且仅当雪是白的。T语句右边的部分"雪是白的"解释了左边部分"雪是白的"这个语句的成真条件，从而解释了语句"雪是白的"它的意义。戴维森的意义理论是以真理理论为基础，从真理理论的角度解释语句意义。塔尔斯基讨论真理概念时，以"雪是白的"这个句子为例，精确描述我们对真理的直觉。如果雪是白的，那么这个语句就是真的；反之，如果雪不是白的，那么这个语句就是假的。这就是我们对这个句子真假的直觉理解，公式化表达如下：

"雪是白的"为真，当且仅当雪是白的。

我们之所以能够理解这个等式，是因为我们分别能够理解语句"'雪是白的'为真"和语句"雪是白的"它们的涵义，我们是在理解这两个句子的涵义的基础上，才能得到这个双向等值式，才能准确刻画我们对真理概念的直觉。区分对象语言和元语言之后，塔尔斯基形式化描述约定（T）：

（T）X是真的，当且仅当p。

其中，"p"代表对象语言中的任意一个语句，"X"代表元语言中对象语言"p"的对应翻译语句或者"p"的语句名称。塔尔斯基在构建真理定义的时候，区分元语言和对象语言，在约定（T），用来代替"X"的是"p"语句在元语言中对应的翻译语句或者"p"语句的名称。同理，我们能够理解约定（T）的基础是我们能够得到替代"X"和"p"的语句，"p"是任意对象语言语句，我们可以轻易得到，而"X"要么是"p"的名称，要么是"p"在元语言对应的翻译。如果"X"是"p"的名称，要理解"X"首先必须理解

“p”的涵义；如果“X”是“p”的元语言翻译语句，要想能够翻译对象语句“p”，我们需要首先理解对象语句“p”，只有理解对象语句“p”的涵义，才能为之寻找同义的翻译语句，否则无法翻译。总之，要想理解代替“X”的语句，必须理解语句“p”的涵义。由此，我们可以看到，塔尔斯基的具体T语句是建立在把握具体对象语言语句涵义的基础上，我们只有理解了对象语言语句的具体涵义，才能理解具体T语句，进而部分定义真理概念。由此可见，在塔尔斯基的真理定义之中，真理概念是建立在意义概念的基础之上，只有首先理解了对象语言语句的意义，才能用约定（T）刻画某种对象语言的真理定义。由于塔尔斯基的关注点是真理概念本身，意义理论不是塔尔斯基关心的内容，所以，塔尔斯基完全可以在预先假设语句意义已知的前提下构建某种语言的真理理论。但是，戴维森的目标是利用塔尔斯基的真理理论来解释语句的意义，即利用约定（T）：

（T）X是真的，当且仅当p。

戴维森认为语句“p”提供了语句“X”的真值条件，从而p解释了X的意义。但是，在塔尔斯基的真理理论中，他已经提前假定要么代替“X”的语句就是语句“p”本身，要么假定代替“X”的语句是和语句“p”具有相同涵义的翻译语句，所以塔尔斯基的真理理论已经假定我们知道代替“p”的语句的涵义，并且代替“X”的语句的涵义等同于代替“p”的语句的涵义。在此基础上，使用塔尔斯基的真理理论解释语句意义，就等于是在假定已经知道代替“p”的语句涵义和知道代替“X”的语句涵义，并且两个语句涵义相同的情况下，再说一遍代替“p”的语句的涵义解释了代替“X”的语句的涵义，这等于是把前提假设又重复了一遍，这是典型的循环论证，自说自话，毫无意义。塔尔斯基是在假定对象语句涵义已知的前提下，从语句意义定义语句真理概念，戴维森是从塔尔斯基真理概念出发解释语句意义，这么做的结果就等于是用语句意义解释语句意义，这是典型的循环论证。这表明使用外延充分的真理理论解释语句意义存在问题，如果坚持使用真理理论解释语句意义，则需要给外延充分的真理理论增加约束条件。

戴维森反对给塔尔斯基真理理论增加认识性真理概念的通常做法，他认为外延充分的真理理论应该是可以经验证实的。戴维森给塔尔斯基真理理论增加“经验证实”这个额外的约束条件，把外延充分的真理理论同说话者的言语行为联系起来建立经验性的真理理论。彻底解释方案中，戴维森详细论述了可证实的真理理论。

第四章　彻底解释

戴维森在《彻底的解释》开篇以德语句子“Es regent”为例提出两个问题：“库特说出‘Es regent’这些词语，我们在正确条件下知道他说天在下雨。把他说出的话辨识为意向性的和语言的，我们就能继之以解释他说出的那些词语：我们能够说明他的那些词语在那样场合下的涵义。”[①] 问题（1）：“我们能够具备什么样的知识以便能使我们做到这一点？”问题（2）：“我们如何能够得以了解这种知识？”[②] 关于问题（1），戴维森的回答是使我们能够解释另一个说话者的那种东西就是关于另一个说话者的真理理论，这样的真理理论是在塔尔斯基真理概念基础之上加上相关的约束规定构建而成，满足相关约束的某种语言真理理论就是一种合适的解释理论。关于问题（2），戴维森认为它“当然不涉及语言获得的实际历史，……假定有了一种会使解释成为可能的理论，一个潜在的解释者可合乎情理地获得什么样的证据来在合理的程度上支持这种理论”[③]。第二个问题的回答应当基于可获得的关于说话者实际的和可能的行为的认知，这些认知中排除关于语句成分的词项意义的认识和命题态度的细节性认识。这一部

① ［美］唐纳德·戴维森：《彻底的解释》，唐纳德·戴维森：《对真理与解释的探究》，牟博、江怡译，中国人民大学出版社 2007 年版，第 153 页。

② ［美］唐纳德·戴维森：《彻底的解释》，唐纳德·戴维森：《真理、意义与方法——戴维森哲学文选》，牟博译，商务印书馆 2008 年版，第 176 页。

③ ［美］唐纳德·戴维森：《彻底的解释》，唐纳德·戴维森：《对真理与解释的探究》，牟博、江怡译，中国人民大学出版社 2007 年版，第 153 页。

分内容规定了彻底解释方案，彻底解释方案中，把我们用来描述其他说话者概念的例如真理、意义、指称等概念同包含这些概念的使用证据联系起来。[①] 戴维森用外在的可观察的经验证据作为建立解释理论的基础，用外在的言语行为解决解释中信念和意义的缠绕问题。同时，为了保证彻底解释得以进行，戴维森提出了彻底解释的限制条件：信以为真的态度和宽容原则。本章将就上述问题作出论述，在彻底解释的视角下修正戴维森意义理论中存在的问题，完善和发展其意义理论。

第一节　合理的解释理论

戴维森认为解释的难题不但发生在类似上述例子中的用英语解释德语这种解释难题，在同一种语言内部也存在着解释的难题。例如对讲同一种语言的人来说，如何确认他们讲的是同一种语言。认定不同的说话者讲的是同一种语言，这里依赖如下假定：讲同一种语言的人，将以相同的方式来解释相同的表达式。解释说明不同的人用相同的方式解释相同的表达式，这就是某种程度上的彻底解释，“对另外一个人的言语的一切理解都牵涉到彻底的解释”[②]。戴维森彻底解释关注的重点不是同一种语言内部的不同说话者之间的相互解释，而是专注于用一种语言去解释与之不同的另外一种语言。

戴维森首先探讨什么知识能够使我们解释另外的不同的语言，最自然的回答是被解释的语句的意义方面的知识使得我们能够解释另外一种语言的语句。例如在解释德语句子“Es regent”这个例子中，我们知道德语表达式“Es regent”的涵义是“天在下雨”，所以我们可以解释当库特说出“Es regent”的时候，他说的是天在下雨。但这么

① 参见［美］柯克·路德维希主编《唐纳德·戴维森》，郭世平译，复旦大学出版社 2011 年版，第 53 页。

② Donald Davidson, *Inquiries into Truth & Interpretation*, Oxford: Clarendon Press, 2001, p. 125.

说给人的感觉只不过是重新表述了问题，而没有解决问题。因为通过援引表达式的涵义（“Es regent”的涵义是“天在下雨”），从一个没有被解释的表达式（库特说出德语表达式“Es regent”）过渡到做出解释的表达式（库特说天在下雨），这个过程只是把需要解释的内容清晰说出来：需要说出的是当库特说德语表达式“Es regent”时，他希望表达的涵义用英文表示是什么，回答则是德语表达式“Es regent”的英文涵义，使得我们可以解释当库特说出德语表达式“Es regent”的时候他说出的是什么，这不过是重复了问题而没有解决问题。

重要的是需要说明如何解释表达式的涵义，戴维森认为：“我们必须介绍引入一种语词或表达式的手段（它可能在话语的实际表达中被例示，也可能没有被例示）。”① 我们需要说明如何在有限初始词汇的基础上引入无限的语词或者表达式，这样才有助于说明表达式的意义，但是上述回答没有告诉我们知道一个表达式的意义意味着什么。如果执着于追求表达式的意义是什么，还会产生一个不好的联想：存在着一个作为每个表达式的意义相对应的实体，这又是一个令人误导的问题。由于意义问题是一个比解释问题更加模糊的概念，所以如果用有关表达式意义的知识来说明我们为何能够解释其他语言表达式，用来解释的概念本身比被解释概念更令人费解。所以“不再着迷于把意义用于对交流或解释做出一种切实可行的说明，这有助于说明为什么有的哲学家在不仅不求助于意义，而且根本不求助于任何正规的意义理论下开展工作”②。戴维森认为正确的做法应该是“说到底，语词交流不过在于对那些形成当事人的非语言活动之间因果联系的悬而未决的纷乱事物做出详细说明。可是，尽管可解释的言语不过是（即等同于）在各式各样的非语言的意向（如警告、控制、娱乐、使人

① Donald Davidson, *Inquiries into Truth & Interpretation*, Oxford: Clarendon Press, 2001, p. 126.

② ［美］唐纳德·戴维森：《彻底的解释》，唐纳德·戴维森：《对真理与解释的探究》，牟博、江怡译，中国人民大学出版社 2007 年版，第 155 页。

分心、侮辱）下所完成的行为，而这些行为本身又不过是（等同于）嘴和喉的有意向的活动，但这种观察结果使我们接近于对我们可能具有的知识做出一种可理解的一般性解释，而这种一般性解释允许我们把未经解释的表达重新描述为已经解释的正确表达”①。戴维森的思路不是用语言的意义所对应的实体来解释说明语言，而是用外在的可观察的言语行为来解释语言，通过用外在行为的相关证据来解释表达式的真理、意义等内容。这种做法也是戴维森用外延的方式解释说明语言意义这种思路的延续。

戴维森认为：“解释者必须能够理解说话者可能会说出的无限多的语句中的任何一个。如果我们要明确陈述解释者可能具有的那些能使他做到这一点的知识，我们就必须以有限的形式表述它。”② 这个要求基本是戴维森意义组合性要求的重新表述，可解释的语言必须是可学习的组合性语言，在有限初始词汇的基础上，根据构成法则构成无限多的表达式。而在初始词汇的基础上，根据表达式的组合模型，解释者就可以理解说话者说出的任意一个表达式。可解释的语言都是具体的按照组合性原则构建起来的，可以解释的语言是具体的语言，不可能存在着普遍的解释一切语言的解释方法，只能说明一个解释者如何解释讲单一语言的说话者的表达式，而不能寻求可解释任意语言说话者任意表达式的解释方法。

戴维森用函项的概念说明解释理论应该满足的条件，他认为：“对这个问题的系统表述似乎使我们把这种理论看作是对这么一种函项的详细说明，这种函项把表达作为主目，把解释作为函项值。”③ 戴维森把解释看作是以被解释语句为主目的函项的值，以便在不涉及

① ［美］唐纳德·戴维森：《彻底的解释》，唐纳德·戴维森：《真理、意义与方法——戴维森哲学文选》，牟博译，商务印书馆 2008 年版，第 178 页。

② ［美］唐纳德·戴维森：《彻底的解释》，唐纳德·戴维森：《对真理与解释的探究》，牟博、江怡译，中国人民大学出版社 2007 年版，第 156 页。

③ ［美］唐纳德·戴维森：《彻底的解释》，唐纳德·戴维森：《真理、意义与方法——戴维森哲学文选》，牟博译，商务印书馆 2008 年版，第 180 页。

意义或者解释等语义学概念的情况下，了解解释理论的人能够解释该理论适合的那些表达式。戴维森希望在不涉及意义或者解释等语义学概念的情况下，用外延的方式确定解释理论。这个要求和戴维森在论述意义理论部分的要求几乎相同，在避免内涵性概念干扰的情况下，用外延性的外在条件确定解释相关概念。具体来说，就是在塔尔斯基真理概念的基础上，用外在言语行为证据解释语句意义。

戴维森认为解释理论的第二个要求是："一个解释者可以合乎情理地获得证据能够支持或证实它。"① 戴维森认为解释理论是一种经验理论，可以得到外在证据的检验。正确的特定解释的案例就是解释理论的正面证据，反之即为反面证据。可以通过把解释理论应用于具体的表达式，检验其是否提供了正确的解释，如果经过检验证明解释正确，则这个实例支持了解释理论，反之则不支持解释理论。戴维森把语句解释分为两种情况：一种是用来解释已经了解其含义的语言，这时候解释理论正确与否是很容易检验的，只要把解释理论的解释与我们已经了解的内容对照即可，但这种解释并不是彻底解释所关注的重点。彻底解释关注的是另外一种情况，即"在彻底解释中，这种理论理应提供一种实现没有给出的关于特定表达式的理解，因此，对这种理论的最终证据不可能是争取的样本解释。为了讨论一般的情况下，这种证据必须是一种可为这样的人所获得证据，这个人还不知道如何解释那种理论旨在论及的表达，这也就是说，这种证据必须能够在不必使用诸如意义、解释、同义之类的语言学概念的情况下被表达"②。彻底解释方案中，解释者对被解释语言一无所知，解释者并不了解被解释的语言，解释者无法类似于第一种情况那样求助于被解释表达式的意义来判断解释是否正确，进而以这个判断本身作为能够支持解释理论的证据。彻底解释中，由于不了解被解释语言，所以无法如上般获得相关解释理论证据。戴维森认为，

---

① Donald Davidson, *Inquiries into Truth & Interpretation*, Oxford: Clarendon Press, 2001, p. 128.

② ［美］唐纳德·戴维森：《彻底的解释》，唐纳德·戴维森：《对真理与解释的探究》，牟博、江怡译，中国人民大学出版社 2007 年版，第 157 页。

彻底解释理论中相关证据，是在不依靠诸如意义、解释、同义之类语义学概念的情况下获得的。皮尔斯·罗灵（Piers Rawling）形象地描述了戴维森彻底解释的情形："你发现自己与一个被遗弃的人被困在一个荒岛上。你很快发现你无法与她交流；确实，她具有一种语言，这一点或许一开始并不是很明显的。你必须从零开始构筑你对于她（作为能动者和说话者）的解释。这样一种彻底解释何以可能？……戴维森通过考察对于原始公共行为资料的解释约束（要是我们算是在解释作为说话者和思考者的我们的同伴，我们就必须遵守的那些约束）而探究这个问题，并因此而得名。"① 彻底解释表明戴维森意义理论的目标不再是在初始词汇意义的基础上组合性说明语句意义，而是用外在言语行为解释说明初始词汇以及语句的意义，这是彻底解释方案中不同于组合性意义理论的重要方面。

合理的解释理论需要满足如上条件，对戴维森来说，可选择构建解释理论的合适资源是蒯因的彻底翻译理论，但是戴维森的彻底解释思想虽然来自于蒯因的彻底翻译思想，但彻底解释不同于彻底翻译。下文首先将论述蒯因的彻底翻译思想，在此基础上详述彻底解释与彻底翻译的区别和联系。

第二节　彻底翻译与彻底解释

戴维森彻底解释思想来源于蒯因的彻底翻译，但又与彻底翻译关注点不同。戴维森在《彻底的解释》注释 1 中明确说明："采用'彻底的解释'这个术语旨在表明与蒯因的'彻底的翻译'有十分密切的联系。不过，这种密切关系并非等同关系，用'解释'代替'翻译'，它表明的差别之一是：更加强调前者中明确的语义性质。"②

---

① ［美］柯克·路德维希主编：《唐纳德·戴维森》，郭世平译，复旦大学出版社 2011 年版，第 84 页。

② Donald Davidson, *Inquiries into Truth & Interpretation*, Oxford: Clarendon Press, 2001, p. 126.

蒯因在《词语和对象》详细论述了彻底翻译的概念。蒯因认为翻译要么发生在同源语言之间，要么发生在非同源语言之间，同源语言（如英语和弗里斯兰语）之间的翻译可以借助于同源词之间词根的类似性实现两种语言之间的翻译，不同源语言（如匈牙利语和英语）之间的翻译，虽然不能借助于词根的形式相似实现翻译，但因为两种语言有着共同的文化传统，借用这种共同的文化传统对两种语言的影响也可实现二者的相互翻译。但蒯因所说的彻底翻译的情形和以上两种都不相似，他说的是“一个语言学家在没有任何译员的帮助下，力图翻译一种迄今未知的语言”，“但对我们更重要的是彻底的翻译，即对迄今从未被接触过的土著民族语言的翻译。这种翻译在其极端的形式上，实际上是不存在的。因为在一个无论怎样偏僻、蒙昧的荒岛上，我们总能找到一些勉强可以做点口译的人。不过，能够从口译者那里得到的提示越少，疑难问题倒是更接近于解决；……我们可以设想的没有任何译员帮助的情况”[①]。彻底翻译假定我们对被翻译的语言一无所知，既没有共同的词根，也没有彼此共享的文化传统，我们要翻译一种我们根本不了解的语言。此时，我们无法从语言本身出发着手翻译，只能从语言意义的角度进行翻译，用具有相同意义的语句翻译待翻译的语言语句，“因为意义大概就是语句及其翻译所共有的东西”[②]。蒯因认为：“语言是一种社会性的技能，为了获得这种技能，我们不能不完全依赖于主体间通用的提示我们要说什么和什么时候说的信号。因此，除了通过人们对社会交际中可见刺激的明显反应倾向，我们不能以任何根据核对语言的意义。”[③] 彻底翻译中，蒯因通过观察待翻译语句所引发的外在非语言刺激获知语言的意义，进而寻找我们语言中对应语句来翻译待翻译语言。所以“决定翻译的只是与非言语刺激之间的相互关联”，彻底翻译的任务“就是听过说此语

① ［美］蒯因：《词语和对象》，涂纪亮、陈波主编：《蒯因著作集》（第四卷），中国人民大学出版社 2007 年版，第 222—223 页。

② 同上书，第 226 页。

③ 同上书，第 195 页。

言者的当下可见的反应去复原这种语言”。

蒯因详细描述如何通过观察说待翻译语言的人说出语句时候的外在反应，进而理解这个语句的意义并翻译这个语句。蒯因认为：

> 最先也是最可能被翻译的话语是那些谈到当下正在发生的事件的话语，这些事件对于语言学家和他的土著向导都是一目了然的。一只兔子跑过，土著人说“Gavagai”，语言学家便记下句子：“Rabbit”（“兔子”；或者，“Look, a rabbit”［“瞧，一只兔子”］），作为一种尝试性的解释，以待其他实例的检验。首先，语言学家只要还不会对土著向导说什么，那么就不要硬是认为他说了什么。当语言学家能够向土著向导说些什么的时候，它必须用土著人自己的话来求得向导的同意，尽管这样做有曲解事实的危险。……唯一的办法便是采取主动，把土著人的句子及其刺激情景结合起来向他发问，以缩小猜想的范围，从而最终达到令人满意的结果。
>
> 于是语言学家便总是在不同的刺激场合中问“Gavagai”，以便观察土著人的反应是肯定还是否定，或者既不肯定也不否定。但他在看到或听到他们说话时怎样才能看出他们是在肯定，还是在否定呢？手势动作在不同民族有不同的含义，土耳其人手势动作的示意便同我们的几乎相反。语言学家只能通过观察去猜测，然后看看他的猜测正确与否。譬如当兔子之类的东西出现时，他问“Gavagai”？发觉土著人的回答说“Evet”和“Yok”，他便可以猜其中一个指“是”，另一个指“否”，但还不知道哪个指“是”，哪个指“否”。于是他尝试模仿土著人的发音；当他就此发现在大多数情形下，他得到的答案是“Evet”而不是“Yok”时，那他就可以相信“Evet”表示“是”。再者，他也尝试用“Evet”和“Yok”去回答土著人的话，其中招来比较安然的反应的那个词表示“是”……
>
> 假设这位语言学家终于弄清了这种土著语言中表示同意和不同意的手势，那他便可以由此积累归纳的证据，将“Gavagai”

> 译为“Rabbit”。搜集事例的通则大致是这样的：土著居民对“Gavagai?”作肯定回答的刺激条件恰恰是我们被问到“Rabbit?”（“是兔子吗?”）时会作肯定回答的刺激条件；关于否定回答的情形也是如此。[①]

蒯因用一种类似社会实验的方式描述确定土著语言“Gavagai”这个词的英文翻译的大致过程。在此过程中我们把听到的语句同看到的言语刺激联系起来，通过问询方式测试说话者在特定刺激条件下同意与否的行为反应，进而逐步了解这种语言，建立这种语言与我们语言的语词的对应关系，最后编纂一部翻译手册。[②]

蒯因认为，翻译手册并非唯一，对同一种待翻译语言，可以存在着许多不同的翻译手册，但翻译手册之间并不一定和谐。这就是蒯因著名的“翻译的不确定性”，蒯因认为，一个句子同非言语刺激联系越紧密，不同手册之间的差距就会越小。蒯因列举了七种导致翻译不确定性的原因，鉴于本文论述重点不在于此就不再详细论述和分析。

蒯因彻底翻译思想对戴维森影响很大，戴维森认为蒯因的带有恰当的经验限制的翻译手册激起了他对彻底解释概念的很多想法，“并且，我提出的建议在一些重要方面十分接近于蒯因的看法”[③]。戴维森认为虽然彻底翻译可以把另外一种语言的任意一个句子转换为熟悉语言的句子，“它会满足对一种可适用于任何一个语句的，被有限地加以陈述的方法的需要。但是我认为，一种翻译手册并不是解释理论所应采取的最佳形式”[④]。虽然蒯因的彻底翻译思想对戴维森的彻底解释影响很大，但是戴维森并不认为翻译手册就是解释理论，二者关

① ［美］蒯因：《词语和对象》，涂纪亮、陈波主编：《蒯因著作集》（第四卷），中国人民大学出版社 2007 年版，第 223—224 页。

② 参见陈波《蒯因哲学研究——从逻辑和语言的观点看》，生活·读书·新知三联书店 1998 年版，第 121—123 页。

③ ［美］唐纳德·戴维森：《彻底的解释》，唐纳德·戴维森：《对真理与解释的探究》，牟博、江怡译，中国人民大学出版社 2007 年版，第 169 页。

④ 同上书，第 157 页。

注重点不同，“戴维森抓住一般性的解释而不是特殊的翻译是正确的，因为他关心的是语义学或语言交流理论。我自己的彻底翻译的思想实验，其目的要窄一些：是对将命题作为语句意义的观点的挑战。翻译的不确定性意味着赋予对等关系的语句同义性的失败，进而也意味着命题独立性的失败。没有独立性、没有同一性，实体就不能存在”①。具体来说，蒯因更关注翻译过程中的如何解释待翻译语句引发的刺激，更关注具体的解释技巧，以此为基础编纂一部相关技术的说明，即翻译手册，蒯因的翻译手册更多从认识论甚至本体论的角度解释说明我们如何解读待翻译语言；戴维森的彻底解释是从更基础的方面关注我们的这一过程，关注我们的解释得以进行并成功的因素是什么，他更多是从语义学方面探讨语言有意义的基础。

把翻译手册当作解释理论是一个错误的选择，“当我们的目的是做出解释时，翻译方法所处理的是一个错误的论题，即两种语言之间的关系；在这个论题中，所需要处理的是对其中一种语言做出解释（当然是用另一种语言做出这种解释，不过这是不言而喻的，因为任何一种理论都是采用某种语言）”②。因为解释理论所要做的是解释一种语言，而翻译所要做的是处理两种语言之间的关系，把翻译理论作为解释理论就是把解释一种语言的工作变成处理两种语言之间的关系，而这是不妥的。具体来说，解释理论涉及两种语言：对象语言和主题语言，对象语言是我们将要解释的语言，主题语言是我们用来解释对象语言的语言；我们需要用主题语言来解释对象语言，但是在解释待解释语言的过程中使用的主题语言并不是理论关注的东西，这和翻译理论是不同的。翻译理论需要用元语言论述主题语言和对象语言之间的关系，所以翻译理论需要处理的是两种语言之间的关系，而解释理论只是使用主题语言解释对象语言，主题语言以及主题语言和对象语言

---

① Quine, “Where Do We Disagree?”, *Hahn*, *The Philosophy of Donald Davison*, Chicago and La Salle: Open Court Company Press, 1999, p. 76.

② Donald Davidson, *Inquiries into Truth & Interpretation*, Oxford: Clarendon Press, 2001, p. 129.

之间的关系并不是解释理论关注的问题。戴维森认为，人们之所以会把翻译手册看作解释理论，因为恰好是因为元语言和主题语言是相同的，正是因为这个才导致人们如此的设想，“如果主题语言恰好等于理论语言，那么，某个理解这种理论的人无疑便能使用翻译手册来解释另一种语言的表达；不过这是因为，他实现了他所知道的。但这种理论并没有陈述的两件事情：即主题语言就是他自己所采用的语言这个事实和他的关于如何用他自己的语言来解释表达的知识”[①]。在翻译理论中元语言和主题语言是同一种语言，我们能够理解翻译理论，肯定能够理解元语言，由于元语言和主题语言是同一种语言，所以我们就能够理解主题语言中用来翻译对象语言的语句的涵义，此时我们把对象语言语句翻译为主题语言语句，并且理解了这个主题语言语句，从这个角度讲，我们是用一个熟悉的语句解释了对象语言语句，所以翻译理论才会被人理解为解释理论。但是元语言和主题语言是同一种语言是一种特殊情况，当元语言和主题语言不一致的时候，情况就大为不同。例如在英语为元语言，法语为主题语言，德语为对象语言的情况下，因为我们能够在不了解对象语言具体语句涵义的情况下，能够知道主题语言的哪些语句翻译了对象语言的哪些语句，知道哪些主题语言语句解释了对象语言语句，所以，我们可以用英语描述一个法语语句“La neige est alanche”翻译了德语语句“Schnee ist weiss”[②]。虽然我们找到了对象语言（德语语句“Schnee ist weiss”）在主题语言（法语语句“La neige est alanche”）的对应物，但是作为仅仅懂得英语（元语言）的人来说，翻译工作虽然完成，但是他并不理解主题语言语句（法语语句“La neige est alanche”）涵义，当然谈不上解释了对象语言语句（德语语句“Schnee ist weiss”）。此时，翻译手册就不能作为解释理论。所以，戴维森认为在元语言等同于主题语言的特殊情况

① Donald Davidson, *Inquiries into Truth & Interpretation*, Oxford: Clarendon Press, 2001, p. 129.

② 例子取自张妮妮《意义，解释和真——戴维森语言哲学研究》，中国社会科学出版社 2008 年版，第 74 页。

下，人们翻译对象语句可被视为解释了对象语言，翻译理论可作为解释理论，但那是特殊情况下导致的一个结果，并不能推广到全部情况，所以不能想当然认为翻译手册就是一种合适的解释理论。

在元语言和主题语言是同一种语言的特殊情形下，翻译理论可能被人视为解释理论。戴维森接下来论证说明，即使在这种特殊情形下，翻译理论也不能作为合格的解释理论。因为翻译理论只是把对象语言的语句翻译为主题语言语句，我们是使用主题语言语句翻译了对象语言语句。但是在这种情况下，翻译理论并没有说明能够解释是怎么一回事，没有说明解释得以成功发生的基础是什么，只是用我们熟悉的语句翻译了对象语言语句，“这种翻译方法对我们为解释我们自己的语言所需要的具备的知识保持沉默，把它置于理论所涉及的范围之外。翻译理论必须把某种结构置入对语言的理解中去，但是没有理由期望它会对语句的意义依赖于其结构的方式提出什么见解”①。戴维森认为令人满意的解释理论不但需要能够解释语句，而且需要揭示语句的语义结构，具体来说就是需要从结构上说明表达式的构成。解释理论需要满足组合性要求，要求在解释简单表达式的基础上解释复杂表达式。既然翻译理论无法说明对象语言的组合性特征，当然就无法说明解释是怎么一回事。

鉴于翻译理论缺乏解释理论必须的内容，可能的做法是在翻译理论的基础上增加有关我们自己语言的令人满意的解释理论，具体说来就是，通过翻译理论把对象语言翻译为我们自己的语言，再通过解释我们自己的语言的解释理论，从而满足解释理论的要求。戴维森认为这种设想虽然满足解释理论要求，但是形式笨拙。在这种处理思路中，把对象语言翻译成我们熟悉的语言，再用我们自己语言的解释理论解释它。其实这里无须使用我们熟悉的语言作为中介，我们不如直接为对象语言建立解释理论，而无须把翻译理论和本国语言作为中

① Donald Davidson, *Inquiries into Truth & Interpretation*, Oxford: Clarendon Press, 2001, p. 130.

介。“因此，可以把关于一种对象语言的解释理论看作是把一种起揭示结构作用的关于已知语言的解释理论与一种从未知语言译为已知语言的翻译系统这两者合并的结果。这种合并使得一切对已知语言的参考成为多余。当抛弃这种参考时，所剩下的便是一种起揭示结构作用的关于对象语言的解释理论——当然，这种理论本身是用我们熟悉的词语来表达的。”① 既然翻译理论和解释理论合并的结果可以满足我们的要求，而我们已经论证从对象语言到我们自己语言的翻译理论是不必要的，可以抛弃，所以剩下的就是关于对象语言的起着揭示结构作用的理论。对戴维森来说，这样的理论就是类似于塔尔斯基真理理论这样的理论。

第三节　彻底解释理论

戴维森通过修改塔尔斯基真理定义使之成为适合自然语言的真理理论，戴维森认为修改过的适合自然语言的真理理论可以作为合适的解释理论。戴维森主要通过回答如下三个问题来为此辩护：

> 这种辩护将试图回答以下三个问题。
>
> (1) 认为能为自然语言提出所描述的那种真理理论，这种看法有道理吗？
>
> (2) 一个先前没有关于有待解释的那种语言的知识的解释者似乎可以合乎情理地获得某种证据；而根据这种证据来断定一种真理理论是正确的，这可能吗？
>
> (3) 如果这种真理理论被认为是正确的，有可能对讲那种语言的人所做出的表达做出解释吗？②

---

① Donald Davidson, *Inquiries into Truth & Interpretation*, Oxford: Clarendon Press, 2001, p. 130.

② Ibid., p. 132.

问题（1）是继续探讨为自然语言建立形式化真理理论的可能性问题，是在前文的基础上继续探讨这个问题；问题（2）和问题（3）是主要探讨如果为自然语言建立形式化真理理论是可能的吗？这种真理理论是否能够作为解释理论，能否满足我们的要求。三个问题总体上框架性的回答真理理论作为解释理论的可能性问题。

关于问题（1），我们在第二章已经论述戴维森如何在塔尔斯基真理定义的基础上，通过修改约定（T）得到约定（T）的类似物约定（D），从而为自然语言建立类似的真理定义。戴维森解释和说明在给塔尔斯基真理定义施加相关限制的基础上，如何使之适应自然语言。戴维森论述为自然语言建立形式化真理理论的可能性，所以为自然语言建立真理理论的工作不存在原则性的障碍，剩下的工作就是具体的形式化处理自然语言中的各种不同类型的语句。这方面的工作已经取得的成就包括“泰勒·伯奇关于专名的研究工作，有吉尔伯特·哈尔曼关于‘应当’（ought）这个情态词的研究工作，有约翰·华莱士关于物质名称与比较词的研究工作，以及我本人（戴维森）关于态度的归属与完成行为词的研究工作，关于副词、事件与单称因果陈述的研究工作和关于英语的研究工作”①。这些已取得的成就表明自然语言的形式化真理理论是可以建立的。所以，戴维森对为自然语言建立形式化真理理论持乐观态度。戴维森为自然语言建立真理理论分为两个阶段：“在第一个阶段，不是为整个语言，而是为仔细划分出的一部分语言来表征真理。这一部分语言尽管毫无疑问在语法上是简陋的，但却包含着无限多的语句，它们可详尽无遗地体现整个语言的表达力。第二个阶段的工作是把剩下的每个语句与已为之表征真理的那些语句中的一个或（在具有含混性的场合下）多个语句相匹配。我们可以把真理理论在第一个阶段的工作所适用的那些语句看作是给出了一切语句的逻辑结构形式或深层结构。”②

---

① ［美］唐纳德·戴维森：《彻底的解释》，唐纳德·戴维森：《对真理与解释的探究》，牟博、江怡译，中国人民大学出版社 2007 年版，第 161 页。

② Donald Davidson, *Inquiries into Truth & Interpretation*, Oxford: Clarendon Press, 2001, p. 133.

戴维森希望为自然语言建立满足组合性原则的真理理论，语言中可直接逻辑化处理的一部分语言直接用逻辑化方式处理（如弗雷格和维特根斯坦刻画了自然语言中可以被逻辑刻画的陈述句的一部分），为满足组合性要求的形式化语言，剩余部分的语境敏感语句在前一部分语言真理理论的基础上，通过对相关部分增加适当限制，使相关语句的真理理论建立在已处理的语句之上，使形式化真理理论适合全部的自然语言。所以，戴维森认为，可以为自然语言建立合适的真理理论，这种看法不但可能，而且实际上已经开始相关工作并取得一定成就，问题（1）是可以得到肯定的答复。

关于问题（2），戴维森认为给被解释语言构建真理理论，必然是给塔尔斯基的真理理论加上适当限制使之成为可被经验证实的经验的真理理论。戴维森认为："真理理论是一种对话语行为的基本方面加以描述、解释、理解和预测的理论。既然真理概念在该理论中占据中心位置，因而，我们有理由说真理概念是至关重要的解释性概念。"①塔尔斯基真理定义通过约定（T）给每个对象语言语句生成一个T—语句，从而定义对象语言真理理论。所以，"一种被视为经验理论的真理理论由其相关后果来检验，这些后果便是该理论所蕴含的T—语句"②。检验对象语言真理理论是否为真，只需要在经验上验证每一个T—语句是否是真的，每一个被验证为真的T—语句都部分确证对象语言真理理论，T—语句总体上就可以说明真理定义是正确的。可检验每一个具体T—语句的相关证据"可以完全由一些关于说话者的那些与语句有关的行为和态度（无疑是通过说出的话语）的事实所组成"③。通过检验每一个与T—语句相关联的言语行为事实，可从外在证据上检验每一个具体的T—语句。戴维森认为每一种可行的真理

---

① ［美］唐纳德·戴维森：《真理概念的结构与内容》，唐纳德·戴维森：《真理、意义与方法》，牟博选编，商务印书馆2008年版，第103页。

② 同上。

③ ［美］唐纳德·戴维森：《彻底的解释》，唐纳德·戴维森：《对真理与解释的探究》，牟博、江怡译，中国人民大学出版社2007年版，第162页。

理论都需要满足以塔尔斯基真理概念为基础的相关理论构造，这就是前文讲的自然语言真理理论的形式化构造和设置，这些理论设置和构造都是在证据证实具体 T—语句的范围之外。所以，戴维森认为："如果这种理论只衍推出采取 T—语句形式的可检验的结果，而这些结果并未提到所采取的那种方法，那么，这种理论便发挥了它的作用。因此，一种真理理论要使对一种明确表达出语法结构的理论的要求，与对一种只能通过它对语句的说明来检验的理论的要求一致起来。"① 戴维森认为经验的真理理论不但要满足类似塔尔斯基真理定义般的结构方面的相关形式化要求，还要能够独立于这些理论要求之外真理理论能被经验证据独立检验。

戴维森使用塔尔斯基 T 语句连接语句与其翻译语句，以此来给出语句的真值条件进而解释语句意义。塔尔斯基构造真理定义时利用了翻译的概念，在元语言翻译对象语言的基础上构造真理定义。但是，翻译发生的前提是翻译语句和被翻译语句有相同的意义，在知道对象语句意义的前提下才能翻译对象语句，才能为对象语言构建其真理定义：即具体 T—语句。在了解具体每个对象语句意义的基础上，我们制定每个具体对象语句的 T—语句，如果再利用具体 T—语句来解释对象语句意义，就构成了循环论证，这也是戴维森意义理论的一个问题。"对于塔尔斯基所讨论的形式化语言来说，可以根据 T—语句的句法来了解这些语句（我们可以把这些语句称为定理）；即使在对象语言与元语言不同的情况下，即使我们在用某种更易于处理的东西代替引号的情况下，这一点依然是正确的。但在彻底的解释中，从句法上对 T—语句进行检验是不可取的，因为这样一种检验预设了人们希望获得的关于对象语言的理解。理由很简单：句法检验只是把同义关系或翻译关系形式化，而在塔尔斯基的真理理论中这种关系被当作是不成问题的。"② 彻底解

① Donald Davidson, *Inquiries into Truth & Interpretation*, Oxford: Clarendon Press, 2001, pp. 133 - 134.

② ［美］唐纳德·戴维森：《信念与意义的基础》，唐纳德·戴维森：《真理、意义与方法——戴维森哲学文选》，牟博选编，商务印书馆 2008 年版，第 209 页。

释方案中，戴维森修正了自己的看法，塔尔斯基的真理定义中“可以把翻译概念当作理所当然的，但在彻底解释中，这恰恰是无法假定的东西。所以，我对接受这样一种真理理论提出某些经验的限制，这种真理理论可以在不求助于诸如意义、翻译或同义这样一些概念的情况下来表述”[①]。戴维森希望在没有使用任何类似语句意义、翻译等语义学概念的情况下解释说话者的真理概念，“我提出的建议是，把解释的方向颠倒过来：塔尔斯基先假定翻译概念，之后便能以此定义真理概念；而现在的想法是把真理概念作为基本概念，并由此引出关于翻译或解释的说明”[②]。塔尔斯基的真理概念是从翻译概念出发定义真理概念，如果以此为基础解释语句意义必然造成循环定义，戴维森的修改是以真理概念为基本概念，以真理概念为基础说明翻译概念和解释概念。戴维森这样做的目的不是为了放弃塔尔斯基真理理论，放弃约定（T），而是用新的方式处理约定（T），“我们需要的是对T—语句的可接受性做出判断的方式，这种方式不是句法的，没有利用翻译、意义或同义这些概念，而是使得可接受的T—语句事实上会做出解释”[③]。戴维森希望从不假定任何被解释语言语义学概念的言语行为证据经验证实说话者的真理理论，进而使用真理理论解释翻译、意义等其他语义学概念。

在彻底解释方案中，我们可以重新表达约定（T）如下：

（T） s是真的，当且仅当p

其中“s”被任意一个对象语言语句s的描述所代替，“‘p’为任何一个这样的语句所替换，即这个语句为真当且仅当s为真”[④]。修改

---

① ［美］唐纳德·戴维森：《对福斯特的答复》，唐纳德·戴维森：《对真理与解释的探究》，牟博、江怡译，中国人民大学出版社2007年版，第208页。

② ［美］唐纳德·戴维森：《彻底的解释》，唐纳德·戴维森：《对真理与解释的探究》，牟博、江怡译，中国人民大学出版社2007年版，第162—163页。

③ ［美］唐纳德·戴维森：《信念与意义的基础》，唐纳德·戴维森：《真理、意义与方法——戴维森哲学文选》，牟博选编，商务印书馆2008年版，第210页。

④ Donald Davidson, *Inquiries into Truth & Interpretation*, Oxford: Clarendon Press, 2001, p. 134.

后的约定（T）与塔尔斯基的约定（T）相比较，变化的就是关于代替“p”的语句的相关描述。塔尔斯基的约定（T）当中，代替“p”的是语句本身，修改后的约定（T）中，代替“p”的语句不再是语句本身，而是一个当它为真时，当且仅当s为真的语句。表面上看，这里似乎又存在着新的循环论证：s是真的，当且仅当p，“p”为这样一个语句所代替：p是真的，当且仅当s是真的；综合起来看就是，s是真的，当且仅当s是真的。之所以会如此看待问题，是因为我们可能依旧没有摆脱塔尔斯基式的从翻译概念或者同义概念定义真理概念这个思路，这里需要注意的是修改后的真理定义是从真理概念出发定义翻译概念，这个双向等值式成立的前提是真理理论是一种经验理论，可以经验确定语句的真：我们可以在经验层面分别确定语句“s”和语句“p”为真，在此基础上建立有关语句“s”和语句“p”的双向等值式。有了这个新的双向等值式，我们就可以建立新的经验的真理理论，而无须利用翻译概念，也不会给意义理论和彻底解释方案造成困扰。“假定有了这种系统表述，真理理论便可由T—语句的确为真这种证据来检验；我们便放弃了这么一种看法：即我们还必须说出替换‘p’的语句是对s做出的翻译。”① 通过给修改后的约定（T）增加相关的约束条件，我们可以得到一个类似前文论述的适合自然语言的约定（D）类似物，建立适合自然语言的真理理论。此时每个具体的T—语句在完全不了解对象语言语句的情况下，通过观察外在的言语行为，确认该对象语句成真的条件，进而为对象语句建立具体的T—语句，这个具体的T—语句就解释对象语句的成真条件，进而解释了语句的意义。

戴维森修改塔尔斯基的真理概念，重新从“真”出发定义对象语言真理定义，在此基础上用真理理论解释意义和翻译，避免了使用真理理论解释意义时的循环论证。戴维森之所以能这么做，是因为在彻

---

① ［美］唐纳德·戴维森：《彻底的解释》，唐纳德·戴维森：《对真理与解释的探究》，牟博、江怡译，中国人民大学出版社2007年版，第162—163页。

底解释的方案中，解释者完全不了解对象语言，确定对象语言的真是通过观察外在的证据加以确认，而无须使用翻译和同义等进一步的语义学概念加以确认。接下来的问题是：戴维森的彻底解释中，可以获得的检验对象语言真理理论的证据是什么样的证据？戴维森的回答是："我们还必须说出解释者可获得什么样的证据——我们现在看到，证据在于：T—语句是真的。"① 在自然语言中，一个语句之所以被说话者认为是真的，不但同语句本身的意义有关，还和说话者对这个语句的信念有关，信念和意义一起解释了表达式的真。"说话者之所以认为某个语句在某个场合为真，这部分地根据他通过说出那句话所表达（或想表达）的某种意思，部分是根据他的某种信念。"② "一个说话者认为一个语句为真，这是两种考虑的结果：他所认为的语句的含义和他所相信的事实所在。困难在于：一个解释者所相对地直接观察到的东西是两种不可被观察到的东西（即信念和意义）的结果"③，要想说明某个语句在具体场景中是否为真，既需要说明说话者的信念，也需要说明这个语句的意义。真、意义和信念这三个概念是相互缠绕，"在知道他认为该语句为真的情况下，知道其意义，我们就能推断出他的信念；而假定有了关于他的信念的足够知识，我们或许能推断出其意义"④。真、意义和信念三者构成一个循环，这三个基础性的概念无法还原为更基本的概念，说明任何一个都无法离开另外两个概念。

戴维森认为，彻底解释需要的证据是在关于对象语言的解释理论建立之前就需要掌握的证据，所以这种证据是在完全不了解对象语言意义以及不了解说话者信念的背景下获得的，所以戴维森提出的思路

---

① Donald Davidson, *Inquiries into Truth & Interpretation*, Oxford: Clarendon Press, 2001, p. 134.

② ［美］唐纳德·戴维森：《信念与意义的基础》，唐纳德·戴维森：《对真理与解释的探究》，牟博、江怡译，中国人民大学出版社2007年版，第173页。

③ ［美］唐纳德·戴维森：《真理概念的结构与内容》，唐纳德·戴维森：《真理、意义与方法》，牟博选编，商务印书馆2008年版，第110页。

④ ［美］唐纳德·戴维森：《彻底的解释》，唐纳德·戴维森：《对真理与解释的探究》，牟博、江怡译，中国人民大学出版社2007年版，第163页。

是："既然我们在不了解一个说话者的信念的情况下无法指望对这个人的语言活动做出解释，并且，我们也无法在事先发现这个人的信念和意向的基础上建议关于他的话语的含义的理论，因此我得出的结论是：在从根本上对话语做出解释时，即在彻底解释时，我们必须以某种方式同时提出信念理论和意义理论。"[①] 戴维森破解真、信念、意义三个概念循环的思路是跳出分别解释意义和信念，然后再解释真这个路子，既然独立解释意义和信念无法实现，索性同时解释意义和信念，在此基础上就可以合理的解释真。

此时，戴维森的做法不是分别区分说明意义和信念，"彻底解释应当依赖于这么一种证据，这种证据既不采取关于意义的知识的形式也不采取关于信念的详细知识的形式"[②]。解释对象语言语句的真的时候，不再通过详细描述说话者的信念和意向而获取证据，"讨论这种可获得的证据的一个恰当起点是那种认为语句为真、接受语句为真的态度"[③]，这种态度被称为"信以为真态度（hold-true attitudes）"，这种态度也是一种信念，但这种信念假定在一切话语情景中，说话者的信念保持不变，从而避免区分说话者在具体语境中的信念，从而信念、真、意义三者的相互缠绕中假定信念永恒不变，从而专注于解决真和意义的问题。这中处理方式也是戴维森意义理论中用真理概念解释意义概念的再次体现。

"信以为真态度"是一个解释者在完全不了解被解释语句是什么含义的情况下，在对被解释语句解释之前，仅仅通过观察说话者的言语行为来判断说话者是否把对象语句视为真的，"我们必须假定一个说话者的大多数表达是关于他认为其为真的语句的表达：如果这是正

---

① ［美］唐纳德·戴维森：《信念与意义的基础》，唐纳德·戴维森：《对真理与解释的探究》，牟博、江怡译，中国人民大学出版社 2007 年版，第 175 页。

② Donald Davidson, *Inquiries into Truth & Interpretation*, Oxford: Clarendon Press, 2001, p. 135.

③ ［美］唐纳德·戴维森：《彻底的解释》，唐纳德·戴维森：《对真理与解释的探究》，牟博、江怡译，中国人民大学出版社 2007 年版，第 163—164 页。

确的，便确保了可独立地获得的证据基础”[①]。此时戴维森考虑的“不是对表达式的表达，而是对表达式的某种态度，即在实际说出表达式时可能显示出也可能不显示出的一种态度。这种态度是指相对于某个时间认为某句话为真这一态度”[②]。我们可以通过观察说话者的外在言语行为获得证据来解释说话者认为某些语句在某些时间和某些场合为真。这种证据可以被看作支持对象语言真理理论，如何支持呢？戴维森比较了自然语言 T—语句以及我们可获得的相关证据之间的关系：戴维森以语句“Es regent”为例，首先，我们具有这个语句对应 T—语句：

（T）当“Esregent”这句话由 x 在时间 t 讲出时他在德语中为真，当且仅当于 t 时在 x 附近天下雨。

另外，我们可以观察说出这个语句的人的言语行为，可得到如下形式的证据：

（E）库特属于讲德语的语言共同体，科特认为“Esregent”这句话在星期六中午为真，并且星期六中午在库特附近天下雨。

戴维森认为，这个例子中（E）就是表明 T—语句为真的证据。真理概念被全部的 T—语句所定义，所以我们需要做的工作就是收集尽可能多的证据来支持如下断言：

（CE）（x）（t）（如果 x 属于讲德语的语言共同体，那么（x 在 t 时认为“Esregent”是真的当且仅当于 t 时在 x 附近天下雨））

（CE）用量化的方式描述了全体证据支持的全部 T—语句构成的真理定义，在用具体证据证实每一个 T—语句的基础上，全部的证据就证实了全部的 T—语句，证据就总体上支持了对象语言的真理理论。[③] 这

---

① ［美］唐纳德·戴维森：《信念与意义的基础》，唐纳德·戴维森：《对真理与解释的探究》，牟博、江怡译，中国人民大学出版社 2007 年版，第 176 页。

② ［美］唐纳德·戴维森：《信念与意义的基础》，唐纳德·戴维森：《真理、意义与方法——戴维森哲学文选》，牟博选编，商务印书馆 2008 年版，第 202 页。

③ ［美］唐纳德·戴维森：《信念与意义的基础》，唐纳德·戴维森：《对真理与解释的探究》，牟博、江怡译，中国人民大学出版社 2007 年版，第 164—165 页。

样，在完全不知道对象语言的情况下，通过观察对象语言说话者的外在言语行为就可以为对象语言建立合适的真理理论，从而解释对象语言。戴维森此处完全用外在的言语行为作为证据来解释对象语言的具体语句的真，从而为对象语言语句建立具体T—语句，最终整体上定义对象语言真理理论。在假定说话者信念不变的前提下，在完全不了解对象语言的情况下，用外在证据为对象语言建立真理理论，用真理理论解释对象语言，进而为对象语言构建意义理论，使之成为可检验的经验理论，丰富和完善了意义理论。

信以为真态度中经常被人质疑的一个问题是，万一说话者自己弄错了怎么办？例如以上段“库特认为星期六中午天在下雨”为例，万一库特搞错呢，而且这是很有可能的，笛卡尔的普遍怀疑就曾经质疑过我们的感觉。戴维森此处提出了彻底解释可行的另一个原则：宽容原则。宽容原则由威尔森（Wilson）提出并被蒯因援引为他的翻译准则，威尔森认为当一个名字出现在给定陈述集的每一个陈述中，当我们不知道它的指称时，我们要选择使得最大可能数量的陈述为真的个体作为这个名字的指称。蒯因把宽容原则作为他翻译的一个准则，蒯因认为：“实际上，即使不涉及外语，恰当的翻译也要遵守逻辑规律，这是不言而喻的。因此当一个说英语的人对我们提出的一个英语问句回答‘Yes and No’时，我们相信对这个问句肯定和否定是指不同的方面；我们不会认为他会愚蠢到既肯定又否定同一个东西。其次，当某人采纳一种其规律与我们的逻辑规律显然相反的逻辑时，我们总是猜想他只是赋予一些熟悉的字眼（‘and’‘or’‘not’‘all’等）以新的意义。”① 翻译的时候需要按照我们自己的逻辑规律翻译对象语言，这需要假定对象语言的逻辑和我们自己的语言的逻辑是一致的。蒯因进一步论证说“甚至最大胆的体系构造者，也要受矛盾律的约束。……如果他容许含有矛盾，那他就要重新调整他的逻辑规则以确保某些差别；

① ［美］蒯因：《词语与对象》，涂纪亮、陈波主编：《蒯因著作集》（第四卷），中国人民大学出版社2007年版，第251页。

否则，传统逻辑规律会认为所有的句子都是从矛盾得出的"[①]。蒯因总结道："翻译的一个准则是，如果所断定的句子明显是错误的，那多半在于有一些隐而不显的语言差别。这个准则是如此强有力，甚至使我们背离了同音翻译这种习得和使用母语的基本方法。潜藏在这个准则后面的一个共识是，除了在个别问题上，毛病可能出在糟糕的翻译或语言的歧义上（在土著居民中的情况），而非我们的对话者的蠢钝。"[②]蒯因引用宽容原则无非是要让人尽可能把被解释的语言材料往好的方面想，尽可能想象他们是真的、有理性的和不矛盾的，等等。[③] 戴维森认为，蒯因的方案是在意义和信念的缠绕中，通过宽容原则把信念稳定下来，从而解决真和意义的问题。"蒯因的关键想法是这样：另外一个对当事人的正确解释无法按可理解的方式容纳在解释者信念与被解释者信念之间某些种类和某些程度的差异。结果是，一个解释者有理由在给出解释之前便作出有关当事人的信念的某些假设。"[④] 戴维森继承和发挥了蒯因的宽容原则，戴维森认为："语言学家试图对持另一种语言的人认为是真（或假）的语句映射到语言学家认为是真（或假）的语句之上。假定找不到任何完美的配合关系，那么，真语句被译为假语句（或假语句被译为真语句）所造成的后遗症，便为出错留下余地。在解释其他人的词语和思想时持宽容态度，这一点从另一角度看是不可避免的：正如同我们必须最大限度地求得一致、否则就要冒不懂持另一种语言的人所谈论的事情这一风险一样，我们同样必须最大限度地求得我们归属于持另一种语言的人的那种自我相容性，否则就要受到不了解他的惩罚。……在彻底解释中，我们能够打破这一个循环过程（即使只是不完全地），因为我们有时能断定一个人会同意我们

---

① ［美］蒯因：《词语与对象》，涂纪亮、陈波主编：《蒯因著作集》（第四卷），中国人民大学出版社 2007 年版，第 252 页。

② 同上。

③ 参见叶闯《理解的条件——戴维森的解释理论》，商务印书馆 2006 年版，第 193 页。

④ ［美］唐纳德·戴维森：《真理概念的结构与内容》，唐纳德·戴维森：《真理、意义与方法》，牟博选编，商务印书馆 2008 年版，第 110 页。

所不理解的语句。”[①] 戴维森的宽容原则主要强调两方面内容：一是应该假定解释者的信念与被解释者的信念是最大化的一致；二是应该假定被解释者认为真的语句大多是真的。

万一说话者自己弄错了怎么办？例如以上段“库特认为星期六中午天在下雨”为例，万一库特搞错呢？戴维森根据宽容原则回应说，如果库特搞错了，肯定不能作为支持具体T—语句的一个证据，但是我们想要的真理理论是要尽可能获得最大程度的一致同意，当然不能排除库特等人搞错的可能性，但是我们应当假定库特所说的话尽可能经常是正确的，因为“只有在意见大量一致的背景下，意见不一致才同意见一致一样是可理解的。这个原则在被应用于语言时则被解释为：我们共同地接受或否定的语句越多（无论是否通过一种解释手段），我们对其余语句的理解就越透彻（无论我们是否对它们有一致的意见）”[②]。因为，戴维森认为不是每个人的每个认知都是正确的，也不可能每个人说出的语句都是真理，所以为具体说话者构建的具体每个T—语句不可能都是正确无误的。这不是真理理论的缺陷，这是因为“这种理论的目标并不是要使意见不一致和错误消失，因为这是荒谬的。倒不如说要点在于：广泛的意见一致是能据以对争论和错误做出解释的唯一可能的背景”[③]。真理理论的目的不是为了证明说话者的每一个语句都是真的，这不可能也不符合日常思维，真理理论的目的是为了解释说话者的言语行为。说话者的言语行为之中必然存在着一些错误，但这些错误是相对于其大量话语中正确话语来说才算错误，所以错误话语的参考背景必然是存在着大量真语句，如果“认为在他人话语中有过多的荒唐和悖理，这只会破坏我们理解那些他们对

---

① ［美］唐纳德·戴维森：《真理与意义》，唐纳德·戴维森：《对真理与解释的探究》，牟博、江怡译，中国人民大学出版社2007年版，第40页。

② ［美］唐纳德·戴维森：《信念与意义的基础》，唐纳德·戴维森：《对真理与解释的探究》，牟博、江怡译，中国人民大学出版社2007年版，第166页。

③ Donald Davidson, *Inquiries into Truth & Interpretation*, Oxford: Clarendon Press, 2001, p. 153.

之表示出如此不合理的看法的事物的能力”[①]。我们是在合理性的基础上理解他人话语，如果认为他人的话语中存在着太多的不合理语句，此时我们就无法理解说话者的语句，我们不具备说话者所具有的异常的理性能力。何况，日常交流当中，我们也是在清楚明白地假定人们的意见大量一致才能进行交流，否则我们就无法正常交流。所以，日常交流中我们所共有大量的真语句，这是一个我们熟悉到几乎不会引起特别注意的事情。所以，假定说话者信以为真的语句大多数是真的，这也是符合我们日常交流经验的，也是我们为了解释对象语言语句不得不做的一个假定。

宽容原则是戴维森彻底解释能够发生的一个前提，总结戴维森对宽容原则的说明，叶闯认为戴维森的宽容原则总共包括四个方面的意思：一是在多数情况下，应把被解释者认为真的句子看作真的，或者至少不普遍地把被解释者的信念判断为错的；二是应把被解释者看作是有理性的，“有理性”指的是某种程度上解释者和被解释者信念之间的一致，相信彼此的逻辑准则；三是应当假定言语行为和语句意义之间的关联，当语言行为一致时，语句意义也一致；第四，应当假定说话者对世界中类似的场景将做出与我们在类似场景下所做的类似反应。[②] 宽容原则不但是戴维森为彻底解释做出的一个选择，同时也是一个很有用的理论条件，在彻底解释中，戴维森全面应用宽容原则：“倘若我们假定（如同宽容原则认为我们不可避免地必定如此）一个说话者所赞同的语句范型反映出关于逻辑常项的语义，这便有可能觉察出和解释这些常项。正如在决定论中的情形一样，这里的指导原则是从规范考虑中推导出来的。信念之间的关系发挥决定性的构成作用；一个解释者不可能在没有破坏所有解释赖以存在的可理解性基础的情况下接受与他本人的理性标准不同的重大或明显偏离。理解一个

① ［美］唐纳德·戴维森：《彻底的解释》，唐纳德·戴维森：《对真理与解释的探究》，牟博、江怡译，中国人民大学出版社 2007 年版，第 166 页。

② 参见叶闯《理解的条件——戴维森的解释理论》，商务印书馆 2006 年版，第 202—203 页。

当事人的言语或行动之可能性依赖于一种基础理性范型，即一切有理性者都必须（就一般轮廓而论）共有的范型。在这种情况下我们别无选择而不得不将我们自己的逻辑投射到另外一个人的语言和信念之上。这意味着，被认作真的语句（在理性范围内）是逻辑上彼此相容的这一点是对这些语句施加可能解释的一种限制。”① 宽容原则和信以为真的态度一起保证了彻底解释的可能，这也是戴维森为对象语言建立真理理论所施加的外在限制，在这些条件下，为对象语言建立真理理论进而用它来解释对象语言才是可能的。

修改后的适合对象语言的真理理论能够解释对象语言吗？这就是戴维森所提出的问题（3）。对这个问题，戴维森认为适合对象语言的满足相关限制的真理理论是可以解释对象语言，可以解释说明对象语言语句的意义。

戴维森修改约定（D）得到的约定（D）类似物，从而在不了解对象语言的情况下为对象语言建立真理理论，这个真理理论将解释者和对象语言说话者联系起来，“它同时既描述说话者的语言能力和语言实践，又赋予一个有认知能力的解释者的知识以实际内容从而使得他能够把握说话者表述的意义”②。对象语言真理理论使得解释者得以通过约定（D）类似物，在完全不了解对象语言的前提下，为每个对象语言语句建立具体的T—语句，描述每个对象语言的成真条件，从而解释和把握对象语言语句的意义。戴维森认为：“简单地断定一个T—语句‘给出一个语句的意义’，这种做法很诱人的。”③ 戴维森在《真理与意义》中讨论过使用真理理论为自然语言建立意义理论所面临的问题，因为真理理论是完全外延式的理论，只要语句真值相同，就可以建立相关的双向等值式，所以就语句“雪是白的”为例，

① ［美］唐纳德·戴维森：《真理概念的结构与内容》，唐纳德·戴维森：《真理、意义与方法》，牟博选编，商务印书馆2008年版，第112—113页。

② 同上书，第101页。

③ ［美］唐纳德·戴维森：《信念与意义的基础》，唐纳德·戴维森：《对真理与解释的探究》，牟博、江怡译，中国人民大学出版社2007年版，第167页。

我们既可以为之构建T—语句："雪是白的"是真的，当且仅当雪是白的，也可以构建另外的T—语句："雪是白的"是真的，当且仅当草是绿的，或者"雪是白的"是真的，当且仅当2+2=4。戴维森在前文中提出的解决思路是要求用来替换约定（T）左右两边的语句必须具有经验上的联系。在彻底解释中，戴维森从语句外在证据的角度重申和精确化了这个要求。

戴维森认为："一个T—语句很显然并没有给出它所论及的那个语句的意义：T—语句确实确定出相对于某些条件的真值，但这并不是说对象语言语句之所以为真是因为这些条件成立。""允许我们对另一种语言中的语句做出解释的不只是T—语句，还有对T—语句的规范证明。"[①] 规范证明是要说明每一个具体T—语句中，用来替换双向等值式左右两边变项的语句替换顺序，这种替换顺序戴维森认为揭示了语句的意义。具体来说就是用来替换双向等值式右边的语句是通过外在言语行为确定下来的真语句来解释替换左边的语句。具体的T—语句说明了每个语句的成真条件，要想解释对象语言，最后需要做的就是知道了所有的支持T—语句的证据，即了解所有替换T—语句右边的语句，确定了所有对象语句的成真条件，进而构建关于对象语言的真理理论。在这样的基础上，我们既知道单个对象语句在整个对象语言中的地位，也知道了这个语句中每个有意义组成部分所起的作用，进而了解这个语句和其他语句的逻辑关系，最后从逻辑语法角度理解了这个语句的逻辑构成。知道单个语句的语法，同时也就知道了所有语句的语法。因此，在关于对象语言全部T—语句的基础上，我们不但了解每个对象语句的成真条件，而且也了解对象语言的有意义的语法结构，所以至此，我们可以说，"假定我们知道一种处理关于某个特定语句的语言的真理理论，我们便能对这个语句做出解释"[②]。戴维

---

① ［美］唐纳德·戴维森：《信念与意义的基础》，唐纳德·戴维森：《对真理与解释的探究》，牟博、江怡译，中国人民大学出版社2007年版，第167页。

② Donald Davidson, *Inquiries into Truth & Interpretation*, Oxford: Clarendon Press, 2001, p. 138.

森用外在证据的方式确认了替换约定（T）左右两边语句的联系，从而避免出现类似约定（S）一样的非正常真理理论。同时，戴维森强调每个具体T—语句只有在T—语句整体的背景下才可能对对象语句做出可接受的解释，“T—语句的全体应当最圆满地适合关于那些在讲母语的人看来为真的语句的证据。现在的看法是这样：塔尔斯基直接为每个T—语句所做的假设可以有一种整体论的限制条件间接地引出。如果这种限制条件是适当的，那么，每个T—语句实际上都会做出一个可接受的解释”①。

戴维森认为真理理论描述了对象语言语句的成真条件，虽然没有直接说明对象语言语句的意义，但这确实是解释说话者拥有众多无限语句的唯一可行方式。所以，戴维森认为：“关于一个说话者的真理理论在这样一种含义上是一种意义理论：关于该理论的明确知识足以理解该说话者的表达。它通过描述说话者的潜在的和实际的言语行为的关键性核心内容而做到这一点。”② 戴维森在彻底解释方案中，假定解释者对对象语言一无所知的前提下，修改塔尔斯基真理定义，从真理概念出发构建意义概念，从而为对象语言构建真理理论。这样的真理理论完全通过观察外在的言语行为确定对象语言语句的真，进而构建具体的对象语言每个语句对应的T—语句，给出对象语言语句的成真条件，解释语句意义。彻底解释方案中，作为解释理论的真理理论也是意义理论，这个意义理论克服了前期意义理论循环论证和异常T—语句的问题，完善了意义理论。

第四节　彻底解释的不确定性

戴维森根据解释者对被解释者信以为真的外在言语行为证据构建被

① ［美］唐纳德·戴维森：《彻底的解释》，唐纳德·戴维森：《对真理与解释的探究》，牟博、江怡译，中国人民大学出版社2007年版，第168页。

② ［美］唐纳德·戴维森：《真理概念的结构与内容》，唐纳德·戴维森：《真理、意义与方法》，牟博选编，商务印书馆2008年版，第101页。

解释者的语言的真理理论，只要被解释者的语言的真理理论满足形式约束（即满足约定T）和经验约束（可被经验证实），则解释者可以根据被解释者的外在言语行为使用真理理论解释被解释者的话语。彻底解释方案解释者不得不假定被解释者是理性人，他“被迫将被解释者的行为解释为与宽容原则所支配的那些模式相一致……”① 被解释者来自于同样的社会共同体，讲着同样的语言，此时解释者就会寻找一种单一的解释理论，解释者总是倾向于建立唯一正确的解释理论，“这会极大地缩小他为每个个别的说话者选择一些初步理论的实际选择范围。（在一种持续的对话中，人们不得不从一种可适用于社会的理论着手，并随着其它说话者所持有的证据的积累而使得这种理论越来越精致。）”但是，“倘若按照我一直讨论的那种方式来看待解释，那么，就不大可能只会发现一种理论是令人满意的”②。因为根据同样的说话者外在的言语行为，不同的解释者可能会对言语行为的信以为真态度略有差别就会产生不同但可行的真理理论和解释理论，这可能会得出不同的解释理论，我们无法在众多解释理论中判断确定哪种解释理论是唯一正确的。“我们可以确信，一种仅依据一个说话者对语句的态度来对这单独一个说话者的表达作出解释的理论会遇到许多同样够格的、可与之竞争的理论……”③

戴维森解释的不确定性继承自蒯因翻译的不确定性“所产生的那种解释不确定性在语义上对应于蒯因的翻译不确定性”④。蒯因在《词语和对象》前言指出：

语言是一种社会性的技巧，为了获得这种技能，我们不能不

① ［美］柯克·路德维希主编：《唐纳德·戴维森》，郭世平译，复旦大学出版社2011年版，第92页。

② ［美］唐纳德·戴维森：《信念与意义的基础》，唐纳德·戴维森：《真理、意义与方法》，牟博选编，商务印书馆2008年版，第214页。

③ 同上。

④ 同上。

> 完全依赖于主体间通用的提示我们要说什么和什么时候说的信号。因此，除了通过人们对社会交际中可见刺激的明显反应倾向，我们不能以任何根据去核对语言的意义。承认这一限制，结果就会发现翻译工作包含着某种经常有的不确定性。……翻译的不确定性甚至涉及一个语词是否适用于所要解释的对象的问题。[①]

蒯因根据说话者言语行为的外在刺激反应倾向解释说明语词的意义，但是用这种方式从事翻译工作存在着不确定性，蒯因认为：

> 我们可以不同的方式编写一种语言翻译为另一种语言的手册，这些手册都符合于全部言语行为倾向，但彼此之间却不相一致。这些翻译手册将另一种语言的一些彼此并无明显等值关系的句子分别作为一种语言的一个句子的翻译，因此他们在许许多多地方是有歧义的。当然当一个句子与非语言刺激的直接联系愈密切，不同手册的翻译的差异便会愈小。我在本章节就是要以上述这种作为翻译不确定性原则的形式来说明这一点。[②]

蒯因认为翻译存在着不确定性，这并不是说由于翻译不确定性，可以存在很多平行的翻译手册，所以不可能存在着唯一正确的翻译手册。蒯因的翻译不确定性更加彻底，“我说的不确定性是更加彻底的，是指相互对立的分析假设系统可与有关的每种语言的所有语言倾向相一致，然而在无数情况下却可以产生出完全不同的翻译，不仅其相互的义释，而且每个系统的翻译都会被另一翻译系统所排斥。两种这样的翻译甚至可能有完全相反的真值，只有没有一种刺激会促使人们偏向于肯定其中一方”[③]。

---

① ［美］蒯因：《词语和对象》，涂纪亮、陈波主编：《蒯因著作集》（第四卷），中国人民大学出版社 2007 年版，第 195 页。

② 同上书，第 222 页。

③ 同上书，第 265 页。

蒯因认为翻译不确定性程度很严重，不同的翻译手册之间会相互排斥，甚至同一种行为会得到完全相反的翻译内容，而我们对此无能为力，我们不能判断哪个翻译手册是唯一正确的，甚至对于两个相互矛盾的翻译手册，我们都不得不同时承认二者都是可以接受的翻译手册。

戴维森的彻底解释继承和发展了蒯因的翻译不确定性，但戴维森认为解释的不确定性没有蒯因的翻译不确定性那么严重，“我认为，在我的那种处理方式中，不确定性的程度不会像蒯因所期望的那么严重。部分原因是：我在一种总揽一切的基础上提倡宽容原则；另外的部分原因是：倘若满足约定 T，显然就确保了量化结构的唯一性”①。戴维森希望为被解释语言建立类似塔尔斯基真理理论的真理理论，即真理理论必须满足约定（T），这就要求解释理论在解释被解释语言时必须采用 T 语句解释语句意义。这就要求不同的解释理论必须采用唯一的逻辑模型解释被解释语言，这就杜绝了由于不同的逻辑系统而导致的不同的解释系统之间的差异。同时，宽容原则尽可能假定解释者解释的有效性，这也减少了无效解释发生的可能性，增加了解释成功的概率，减少解释的不确定性。即使按照宽容原则建立类似塔尔斯基约定 T 来解释同样的言语行为，仍然存在着解释的不确定性。

路德维希用如下图标表示彻底解释的步骤：

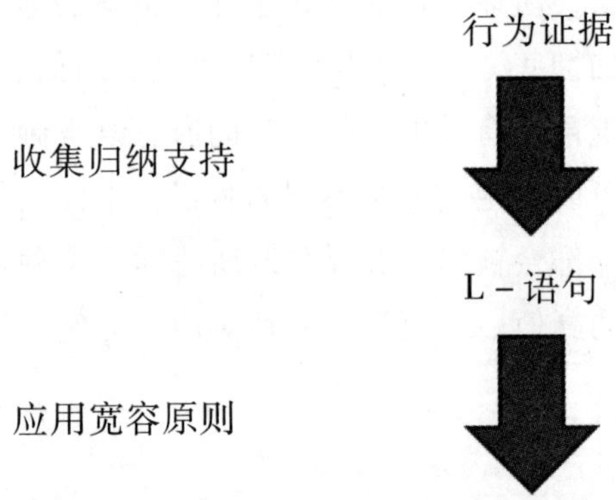

① ［美］唐纳德·戴维森：《信念与意义的基础》，唐纳德·戴维森：《真理、意义与方法》，牟博选编，商务印书馆 2008 年版，第 214 页。

解释性 T—语句

从 T—语句投射公理

真理理论公理

从外在行为证据开始为客体语言建立真理理论需要三个步骤：第一步从被我们视为持真态度的行为证据以及我们发现的一个说话者认为是真语句的依据条件出发，我们构建 L－语句，以此作为下一步推理基础；第二步，在其他条件不变的前提下，我们依据 L 语句，使用宽容原则得出解释性 T 语句；第三步，根据解释性 T 语句推出包含全部 T 语句的真理理论公理，至此完全建立被解释语言的真理理论。从同样的行为证据出发，我们在最后一步可以得出不同的真理理论，产生对客体语句不同的解释方式，而彻底解释无法证实其中任何一个是正确的。路德维希认为解释的不确定性产生于彻底解释的第二步，即从相同的 L 语句出发使用宽容原则我们会得到众多不同的解释性 T 语句集合，以不同的解释性 T 语句集合作为基础会产生不同的真理理论和解释理论。①

戴维森认为从相同的行为证据出发得出不同的 T 语句集合进而产生不同的真理理论和解释理论，虽然无法证实其中任何一个理论是正确的，但是这种不确定性是不重要的，“意义或翻译的不确定性并非表示我们无法把握一些重要区别；它所标志的是这样一个事实：某些明显的区别并不是很重要的。倘若存在不确定性，那是因为：当取得了所有证据之后，依然存在用可供选择的不同方式来陈述那些事实的余地”②。不同的解释理论解释被解释者言语行为的方式虽然不同，但是这只是类似于我们在陈述事实时可以采用的不同的符号系统，采用什么系统陈述

---

① Ernie Lepore & Kirk Ludwig, *Donald Davidson-Meaning*, *Truth*, *Language and Reality*, Oxford: Oxford University Press, 2005, pp. 229、237－238.

② ［美］唐纳德·戴维森：《信念与意义的基础》，唐纳德·戴维森：《真理、意义与方法》，牟博选编，商务印书馆 2008 年版，第 215 页。

问题是不重要的。戴维森用测量类比说明解释的不确定性，“他认为，存在着解释我们伙伴的不同方式这个事实并不比（例如说）这样的事实更令人吃惊，即长度可以由诸如英尺和米这样一些不同的‘测量体系’来表示”[①]。戴维森认为长度可以选择不用的测量体系来加以表达，解释的不确定性和这个类似，都是良性的不重要的。

仔细考察戴维森的测量类比就会发现，彻底解释的不确定性与长度采用不同测量体系的不确定是根本不同的。长度可以采用不同的测量体系（如米和英尺），但是长度测量所采用的不同的测量体系之间是相互融洽而且可以相互转换的，例如一个桌子我们可以说它的长度是1米，也可以说它的长度是3.28英尺。无论使用什么测量系统，我们都可以在米和英尺之间通过彼此的换算比例（1米大约等于3.28英尺）进入另一个测量系统，不同的测量系统之间是融洽无矛盾的。而彻底解释程序中，众多的解释理论之间彼此可能并不融洽，说话者同样的言语行为甚至会得到完全相反的真值和解释，这同采用米还是英尺来表达长度是根本不同的：不同的解释系统可能是不融洽或相互矛盾的。彻底解释中存在着众多不融洽甚至可能相互矛盾的解释理论，他们不可能都是正确的，至少有一个是错误的，但是我们无法确定哪个是正确的。刘易斯（David Lewis）指出：“如果你想我证明所有我们发现的约束允许两种完美的解决方案，那么刚才你证明了我们还没有发现所有的约束，这是规则。”[②] 解释的不确定性并非像戴维森认为那样的无足轻重，存在着相互矛盾的解释理论足以表示彻底解释是存在问题的，路德维希甚至认为解释的不确定性否定了彻底解释的可行性。虽然解释的不确定性是否足以对彻底解释构成致命伤害仍存争议，但这足以表明经验证实的真理理论还不是充分的解释理论，仍然需要寻找其他约束条件才能丰富和完善自然语言意义理论。

---

① ［美］柯克·路德维希主编：《唐纳德·戴维森》，郭世平译，复旦大学出版社2011年版，第101页。

② Ernie Lepore & Kirk Ludwig, *Donald Davidson-Meaning*, *Truth*, *Language and Reality*, Oxford: Oxford University Press, 2005, p. 227.

第五章　解释性真理理论

戴维森使用塔尔斯基真理理论解释语句意义，在彻底解释方案中用经验证实作为真理理论的约束条件解释说话者的话语。但是，彻底解释引发众多争议，经验证实的约束条件在真理理论中所起的作用也值得质疑。本章主要讨论一种不必走向彻底解释的经验证实的解释性真理理论，以此代替彻底解释的经验证实的约束条件，在纯粹经典逻辑的范围内增强塔尔斯基真理理论的解释能力，构建组合性意义理论。

第一节　真理理论的约束条件

戴维森纲领的最显著特点就是戴维森使用真理理论解释意义：戴维森使用塔尔斯基真理理论把语句与其真值条件关联起来，通过真理理论给出语句的真值条件解释语句的意义。通过给真理理论增加足够的约束条件，我们就可以使用真理理论解释每一个潜在可能语句的意义。

戴维森早期认为满足塔尔斯基真理理论足以解释客体语言的每一个语句的意义，任何满足塔尔斯基约定（T）的真理理论都足以解释对象语言语句的意义。戴维森认为任何外延充分的真理理论都是足以解释对象语言意义的真理理论。塔尔斯基真理理论的最大贡献是提供了一个判断递归式真理理论是否是外延充分的真理理论的标准，即如果一个形式化真理理论的外延包含且仅仅包含全部的对象语言真语句，即真理理论包含全部的T语句，则这个真理理论就是外延充分的真理理论。外延充分的真理理论包含全部的T语句，T语句总体把握了真理概念的外延范围，其外在地刻画了我们对真理概念的直觉内容，所以外延充分的真理理论是合适的真理理论。T语句形式上把对象语言语句与其真值条件关联起来，T语句解释其对应的对象语言语句。外延充分的真理理论包含全部有关对象语言的T语句，解释了每一个潜在的对象语言语句的意义。

外延充分的真理理论并非总是解释性的，S语句（"'雪是白的'是真的，当且仅当草是绿的。"）是真语句，属于外延充分的真理理论的外延范围之内，但是很明显S语句不能解释对象语句的意义。S语句表明外延充分的真理理论并非总是解释性的真理理论，外延充分的约束条件太弱不足以产生意义理论，需要给真理理论增加约束条件。作为对外延充分真理理论的附加限制，戴维森要求真理理论是可以经验证实的，以此来规避S语句的出现。戴维森后来用彻底解释的经验证实作为真理理论的附加约束条件，认为真理理论不但要满足外延充分的形式要求，而且真理理论必须是可经验证实的，这样的真理理论才可以解释说话者的话语。

彻底解释方案中，解释者通过观察被解释者的言语行为，以此为基础经验地构建被解释语言的T语句和真理理论，进而解释被解释者的语句。彻底解释方案假定解释者完全不了解被解释者的语言，这一点反映在真理理论上就是戴维森要求真理理论不使用除了真理、指称、满足等语义学概念之外的进一步语义学概念来解释说话者的话语。戴维森希望在没有假定语句意义的条件下经验地证实用来解释被解释者的语言的真理理论，他认为提前假定正确的语句翻译可以被识别是不合适的，在真理理论的经验应用中必须放弃这个假定。"对于塔尔斯基所讨论的形式化语言来说，可以根据T—语句的句法来了解这些语句（我们可以把这些语句称为定理）；即使在对象语言与元语言不同的情况下，即使我们在用某种更易于处理的东西代替引号的情况下，这一点依然是正确的。但在彻底的解释中，从句法上对T—语句进行检验是不可取的，因为这样一种检验预设了人们希望获得的关于对象语言的理解。理由很简单：句法检验只是把同义关系或翻译关系形式化，而在塔尔斯基的真理理论中这种关系被当做是不成问题的。”① 放弃假定语句意义一方面可以避免使用塔尔斯基真理理论解释语言意义时面临的循环论证的问题，这同时也意味着戴维森开始放弃根据语句构成成分的意义来解释说明语句意义这种方式，用外在的言语行为证据经验说明包括语句构成成分在内的语言的意义，这也是戴维森在彻底解释方案中对组合性意义理论的扩展。

组合性意义理论是戴维森意义理论的显著特点，戴维森认为合适的自然语言意义理论必须是组合性意义理论。组合性要求就是根据语句构成部分的意义理解语句的意义，组合性意义理论需要说明理解这种理论的人如何根据语句构成成分的意义以及构成部分结合成语句的结构模型来理解语句的意义。塔尔斯基真理理论形式上说明语句构成成分构成语句的结合模型，根据语句构成成分的意义和结合模型，我们可以找到其对应的翻译语句，用T语句把对象语言语句和其翻译语句连接起来给出对象语言语句的真值条件，进而解释其意义。外延充分的真理理论给出了每一个对象语言语句的真值条件，解释了每个对象语言语句的意义，可以说外延充分的真理理论提供了组合性意义理论需要的全部内容。如果戴维森的目标是仅仅为语言提供一个组合性意义理论，那么外延充分的真理理论提供了他需要的全部内容，外延充分的真理理论足以满足组合性意义理论。

由于存在着非解释性的S语句，戴维森把彻底解释的经验证实作为真理理论的约束条件，以此增强真理理论的解释能力。彻底解释方案中，戴维森扩展了组合性意义理论，他有一个更宏大的目标，而不仅仅是提供组合性意义理论。戴维森希望在彻底解释方案中用外在的言语行为来一般地说明被解释语言真理理论的真实经验条件，

① ［美］唐纳德·戴维森：《信念与意义的基础》，唐纳德·戴维森：《真理、意义与方法——戴维森哲学文选》，牟博选编，商务印书馆2008年版，第209页。

以此解释说话者的话语。戴维森希望发现被解释语言的真理理论的实质条件，以此来保证真理理论的解释能力。塔尔斯基真理理论假定翻译概念和同义概念，戴维森组合性意义理论使用真理理论解释语句意义时使用了翻译概念和同义概念；彻底解释方案中，戴维森不希望使用例如同义、翻译等语义学概念，仅仅从外在的言语行为证据证实真理理论，保证其解释能力。彻底解释使用的真理理论不假定进一步的语义学概念（如同义、翻译等概念）而依据言语行为证据构建解释理论，这同组合性意义理论中使用预设翻译、同义等概念的真理理论是明显不同的。同时，戴维森不但希望用外在的言语行为经验地解释说话者的话语，而且希望经验证实话语构成部分的意义。相比较组合性意义理论，戴维森希望用外延性真理理论说明任何语句的意义，经验性说明任何初始表达式或者复合表达式的意义，这明显不同于组合性意义理论。组合性意义理论假定了解语句构成部分的意义，以此为基础根据构成部分结合模型解释语句意义，组合性意义理论无须也不能说明如何获得语句构成成分的意义；彻底解释不提前假定知道语句构成成分的意义，仅仅通过观察说话者的外在言语行为经验地解释说话者的任何话语，语句构成成分的意义也可以通过外在言语行为经验地说明。戴维森通过给外延充分的真理理论增加经验证实的约束条件，希望经验证实的真理理论可以外在地解释任何话语的意义。戴维森希望外在的真理理论可以独立解释全部说话者的话语，这是个更具野心的目标，也是对组合性意义理论的巨大扩展，问题是经验证实的真理理论能否承担起这个重担，不是所有人都像戴维森那么乐观。

戴维森在《彻底的解释》开篇以德语句子“Es regent”为例提出两个问题：

> 库特说出“Es regent”这些词语，我们在正确条件下知道他说天在下雨。把他说出的话辨识为意向性的和语言的，我们就能继之以解释他说出的那些词语：我们能够说明他的那些词语在那

样场合下的涵义。[①] 问题（1）：我们能够具备什么样的知识以便能使我们做到这一点？问题（2）：我们如何能够得以了解这种知识？[②]

戴维森询问问题（1）和问题（2）的目标不是为了探究人类如何理解他人的实际过程，而是希望在彻底解释中显示如何使用不假定解释理论核心概念的证据经验地解释解释理论的核心概念，这是对《真理与意义》中外延地使用真理概念解释客体语句意义的扩展，也是彻底解释的主要内容。

根据戴维森的描述，使得一个人能够解释其他说话者的知识可以被表述为如下形式（路德维希等人把它称为 K^*）：

[1] T 是语言 L 的真理理论，它的公理是……，从彻底解释者的立场它可被经验证实；

[2] 公理……的意思是（means that）……

公理……的意思是（means that）……

……

[3] ……是真理理论 T 的规范证明。

K^* 描述了语言 L 的真理理论 T。[1] 描述了彻底解释者经验证实被解释语言 L 的真理理论。解释者仅仅根据通过观察被解释者的外在的言语行为证据经验构建真理理论 T 的公理（具体步骤参见第四章第二节彻底解释程序）。[2] 描述了真理理论 T 的公理和定理，其保证解释者理解真理理论 T 的公理和定理的意思。[3] 描述了真理理论 T 的规范证明，这个保证真理理论 T 的具体定理 T 语句的左边和右

① ［美］唐纳德·戴维森：《彻底的解释》，唐纳德·戴维森：《对真理与解释的探究》，牟博、江怡译，中国人民大学出版社 2007 年版，第 153 页。

② ［美］唐纳德·戴维森：《彻底的解释》，唐纳德·戴维森：《真理、意义与方法——戴维森哲学文集》，牟博译，商务印书馆 2008 年版，第 176 页。

边语句的替换顺序。规范证明保证在不假定被解释语句意义等重要的解释理论核心概念的前提下合理构建具体 T 语句的程序，保证彻底解释者在完全不了解被解释语言 L 的情况下完全可以解释被解释语言。路德维希认为 K^* 描述了被解释语言的真理理论，它就是戴维森认为一个人为了解释其他说话者而必须具备的知识，它是问题（1）的答案。回答问题（2）只需说明我们在经验中如何证实 K^* 即可①，戴维森通过描述彻底解释者证实真理理论的程序说明我们在经验中如何证实 K^*。戴维森通过描述真理理论的真实存在条件说明真理理论的解释能力，以彻底解释者观察到的被解释对象的言语行为证据作为基础经验证实真理理论，这样的真理理论足以解释说话者的话语。

K^* 描述了被解释语言的真理理论，这就是我们为了解释说话者的话语必须知道的内容。K^* 描述了从彻底解释者的立场如何证实解释理论，即从彻底解释者立场经验地确定被解释语言的真理理论是真的。根据前文分析，真理理论不足以解释语句的意义，所以戴维森通过描述彻底解释的程序回答问题（2），以此作为真理理论的附加条件，增强真理理论的解释能力。彻底解释的程序不是证实了被解释语言的真理理论的真，而是从彻底解释者的立场证实了被解释的真理理论是可证实的。如果我们根据特定的言语行为证据，可证实的仅仅是被解释语言的真理理论是可证实的，那么我们有什么信心断定这个真理理论是解释性的？从彻底解释者的立场证实真理理论可证实不足以增强真理理论的解释能力。

戴维森主张满足特定经验约束的真理理论（即从彻底解释者立场证实真理理论是可证实的）之所以是解释性的，因为其最好地适应本地说话者信以为真的语句的相关证据。真理理论最好地适应被本地说话者信以为真的语句的相关证据表述了经验构建真理理论的大致必备条件，说明我们在构建真理理论时必须使用的证据是本地说话者信以

① Ernie Lepore & Kirk Ludwig, *Donald Davidson-Meaning*, *Truth*, *Language and Reality*, Oxford: Oxford University Press, 2005, pp. 153 – 156.

为真的语句的有关证据，不能使用其他证据，并且真理理论很好地适应这些证据。真理理论最好地适应被本地说话者信以为真的语句的相关证据仅仅是说我们有好的理由（它是最好的适应证据）相信真理理论是真的，但这并不能增强真理理论的解释能力。所以，无论是真理理论诉诸被彻底解释程序所证实还是诉诸最好的适应证据都不能增强使用真理理论解释说话者话语的信心。

戴维森在彻底解释中希望达到的目的是证实说话者的语言的真理理论满足形式约束，并且证实真理理论是解释性的真理理论。但是，把真理理论诉诸彻底解释的经验证实的目的不应该仅仅是产生一个适合说话者话语的定理，而应该是描述真理理论应该满足的一般约束条件，使得一旦真理理论被彻底解释经验证实，则真理理论不但满足一般的约束条件，而且真理理论通过经验证实这个事实本身使得真理理论是解释性的。所以，真理理论被彻底解释经验证实是真的并不能说明其是解释性真理理论，我们不能一开始就把被经验证实的真理理论视为解释性的，我们需要证明为了产生解释性真理理论而必须对真理理论增加的约束条件。或许，戴维森的答案是被彻底解释者证实的真理理论足以保证真理理论是解释性的真理理论，但是我们并不清楚彻底解释程序是否能够保证被彻底解释者证实的真理理论是解释性真理理论，至少彻底解释程序并没有清楚地显示出这一点。

第二节　解释性真理理论

戴维森使用塔尔斯基的真理理论解释语句的意义，他认为真理理论不但要满足形式约束，还要是经验可证实的，这样真理理论足以解释语句意义。彻底解释方案中，戴维森给外延充分的真理理论增加了经验证实的约束条件，他认为依据彻底解释者观察到的说话者的言语行为构建的可被彻底解释者经验证实的真理理论足以解释说话者的话语。彻底解释的经验证实没有增强真理理论的解释能力，彻底解释本身存在着严重的不确定性问题，路德维希等人放弃戴维森对真理理论增加的经验证实约束条件，使用经典逻辑构建解释性真理理论，以此增强真理理论的解释能力，构建组合性意义理论。

一　组合性意义理论

戴维森在彻底解释方案中扩展了组合性意义理论，他希望在不预设同义、翻译等语义学概念的基础上，根据说话者外在的言语行为构建被解释语言的真理理论来解释说话者话语；同时戴维森使用真理理论的实质条件解释任何潜在表达式的意义，其中也包括初始表达式的意义。但是经验证实的真理理论不足以解释说话者话语，同时彻底解释也存在着不确定性问题，这都表明戴维森在彻底解释中扩展组合性意义理论的工作走向失败。路德维希和莱波尔放弃戴维森对真理理论增加的经验证实约束条件，他仅仅使用经典逻辑为自然语言构建组合性意义理论。

组合性意义理论需要结构性说明语言中语句的意义，结构性说明语言中语句的意义必须定义一个适用于且仅仅适用于所有合乎语法的语句的真理谓词，这种说明使得我们仅仅有效依据语句形式方面的考量就能识别出语句的意义。组合性意义理论要求我们仅仅基于语句的构成成分的意义以及其结合模型就能解释语句的意义。组合性意义理论的目标是把握我们演说语言的能力结构，意义理论的目标是把握说话者说和理解语言的能力结构。路德维希和莱波尔首先形式化定义真理谓词，然后使用解释性真理理论构建组合性意义理论。

类似于戴维森，路德维希和莱波尔根据塔尔斯基真理理论定义真理谓词。路德维希首先使用自然语言作为元语言，定义语境不敏感的不包含量化和量词，仅仅包含一个谓词（“有野心的”）和两个单称词项（“恺撒”和“布鲁特斯”）的简单英语。通过形式化描述简单英语的指示公理、初始表达式真理公理以及复合表达式的真理推理规则，从形式上描述了真理理论；同时简单英语的真理理论外延包含且仅仅包含对象语言的全部真语句，它的外延包含全部的 T 语句，满足塔尔斯基外延充分的形式约束，所以简单英语真理理论形式化描述了简单英语的真理概念。根据简单英语的真理定义，路德维希量化说明语境敏感（如带有指示词的语句以及形容词动词时态等语句）的真理定义，形式化构建自然语言的真理定义。

路德维希和莱波尔认可戴维森使用真理理论解释语言意义的解释方式，但他认为塔尔斯基外延充分的真理理论不足以解释语言的意义，戴维森用彻底解释方案给真理理论增加经验证实的约束条件并不能增强真理理论的解释能力，还会引发很多的问题。路德维希放弃戴维森通过给真理理论增加经验约束扩展组合性意义理论的做法，他从纯粹经典逻辑的角度界定解释性真理理论和规范证明，为自然语言构建组合性意义理论。

二　解释性真理理论和规范证明

路德维希和莱波尔认为彻底解释的经验证实不能增强真理理论的解释能力，彻底解释程序不足以保证解释说话者的话语，彻底解释存在着超出戴维森所认可的不确定性问题。路德维希和莱波尔认为对彻底解释开篇提出的问题（1）："我们具备什么样的知识使得我们可以解释他人话语？"的回答不应该是 K*：

[1] T 是语言 L 的真理理论，它的公理是……，从彻底解释者的立场它可被经验证实；

[2] 公理……的意思是（means that）……

公理……的意思是（means that）……

……

[3] ……是真理理论 T 的规范证明。

从彻底解释者立场的经验证实不能保证真理理论是解释性的，对问题（1）的回答应该是 K：

[1] T 是语言 L 的真理理论，它的公理是……，它是解释性的真理理论；

［2］公理……的意思是（means that）……

公理……的意思是（means that）……

……

［3］……是真理理论 T 的规范证明。

K 描述了使得我们能够解释其他说话者的知识。K 与 K^* 的不同在于路德维希和莱波尔用“解释性真理理论”代替戴维森的“从彻底解释者立场可被经验证实”。路德维希放弃戴维森的经验证实约束条件，使用解释性真理理论解释语言意义。回答问题（2）只需要说明如何经确证合适的真理理论是解释性的即可。路德维希和莱波尔用解释性真理理论和规范证明作为外延充分的真理理论的附加约束条件，以此解释语言的意义。

塔尔斯基约定 T（T：s 是真的，当且仅当 p，其中“s”被客体语言语句的结构描述所代替，“p”被一个翻译了那个客体语言语句的元语言语句所代替）之所以成立，是因为 T 等式的左边事实上是元语言使用翻译了客体语言表达式的元语言词项描述右边客体语言表达式的真值条件。元语言用合适的词项翻译客体语言的名字，客体语言的名字和元语言词项具有相同指称；元语言使用同客体语言表达式意义相同的谓词构建元语言表达式；元语言使用同客体语言名字指称相同的词项结合同客体表达式相同意义的谓词构建元语言表达式；在此基础上关于客体表达式的 T 语句必然成立，其一定表达了客体表达式的真值条件。路德维希认为：“使用元语言词项翻译客体语言词项的方式显示给出客体语言词项指称或者真值条件的公理，我们称之为解释性的。”① 路德维希形式化概述了使用元语言表达式代替客体语言表达式的公理就是解释性的。

对客体语言初始语句来说，经由解释性公理使用推理规则产生与其对应的 T 语句，T 语句右边的表达式翻译了 T 语句左边的表达式。

① Ernie Lepore & Kirk Ludwig, *Donald Davidson's Truth-Theoretic Semantics*, Oxford: Clarendon Press, 2007, p. 34.

从解释性公理证明其对应的T语句的过程保存了表达式的语法形式，证明过程保证T语句右边的表达式是由翻译了客体语言表达式并且与客体语句指称相同的词项，用与客体表达式相同的方式构建起来，真理理论公理证明T语句的过程详细说明给出客体语句的详细过程。证明过程表明真理理论公理提供了客体语言初始语句单称词项和谓词的元语言翻译，证明客体语句T语句的过程显示客体语言表达式的意义如何依赖其构成部分的意义和他们的结合方式。

对客体语言复合语句而言，基于初始表达式的意义，解释性公理证明其对应的T语句显示元语言使用翻译客体语句主要联结词的元语言联结词构建元语言语句给出客体语句的真值条件。解释性真理理论公理证明客体语言复合语句T语句的过程显示客体语言复合语句的逻辑结构：元语言语句主要联结词翻译客体语言复合语句主要联结词；客体语言复合语句构成部分按步骤被元语言所翻译组合成元语言构成部分；……直至元语言语句完全翻译客体语句。完全翻译客体语句的元语言语句给出客体语句的真值条件，元语言语句翻译客体语句的具体每一个步骤再现了客体语句的逻辑结构。客体语言复合语句从解释性公理证明其对应T语句的过程显示我们如何根据表达式构成部分及其结合模型理解客体语言复合语句。

从解释性真理理论证明客体语言初始语句对应T语句的过程显示了元语言翻译客体语言词项及其谓词构建对应的元语言语句解释其意义的过程；从真理理论解释性公理证明客体语言复合语句对应T语句的过程显示了我们如何根据语句部分的意义及其结合模型理解客体语言复合语句的意义；把两部分内容结合起来，我们就能从真理理论解释性公理证明客体语句T语句的过程显示我们如何根据客体语句构成部分及其结合模型理解客体语句；依据真理理论解释性公理我们可以解释语句的意义，“我们将把解释性公理的真理理论称为解释性真理理论”①。

① Ernie Lepore & Kirk Ludwig, *Donald Davidson's Truth-Theoretic Semantics*, Oxford: Clarendon Press, 2007, p. 35.

路德维希和莱波尔根据塔尔斯基真理理论定义解释性真理理论，解释性真理理论必然满足塔尔斯基的约定（T），但是满足约定（T）不能保证真理理论是解释性真理理论，解释性真理理论要求高于塔尔斯基约定（T）。真理理论外在地定义真理概念，外延充分的真理理论包含且仅包含全部的真语句，约定（T）的外延包含全部的T语句。根据前文分析，外延充分的真理理论不但包括类似"'雪是白的'是真的，当且仅当雪是白的"这样的T语句，也包括类似"'雪是白的'是真的，当且仅当草是绿的"这样的T语句，外延充分的真理理论T语句并非总是解释性的，存在着"异常的T语句"。戴维森用经验证实作为外延充分真理理论的约束条件，从真理理论的实质条件排除非解释性T语句，保证真理理论的解释能力。路德维希和莱波尔并不赞成戴维森的处理方案，他们认为彻底解释的经验证实不但不能增强真理理论的解释能力，还会带来额外的困扰，他们用解释性真理理论排除异常T语句的干扰，保证真理理论的解释能力。具体来说，路德维希和莱波尔放弃戴维森给真理理论增加经验证实的约束条件，他通过给真理理论增加"规范证明"保证真理理论的解释能力。

从真理理论公理产生客体语句对应T语句的证明过程显示客体语句构成成分如何结合以决定客体语句的意义，形式证明的推理过程十分重要。从解释性公理开始，以T形式语句结束的证明过程将会产生一个T语句，证明的形式结构清楚显示构成客体语言语句的词汇如何组合起来决定客体语句的意义。路德维希和莱波尔用规范证明描述从解释性真理理论证明客体语句T语句的标准程序：

> 形式化真理理论使得我们能够为判定一个T形式语句为T语句提供一个严格的语法标准。从形式上描述一个仅仅根据真理理论公理的内容证明T形式语句的证明过程，我们把这样的证明过程称为规范证明（a canonical proof）。证明的结果是产生一个T形式语句，T形式语句给语句指派与其同义的语句作为其真值条件，与语句同义的语句确定了它们的真值条件。我们把任何从规

范证明产生的T形式语句称为理论的规范定理（a canonical theorem）。如果真理理论公理是解释性的，我们可以自信地说真理理论的任何规范定理都是一个T语句。①

规范证明概述了从真理理论解释性公理证明T语句的证明过程，路德维希和莱波尔把规范证明作为判定T语句的标准，即只有规范证明产生的T形式语句才能被称为T语句。路德维希和莱波尔用规范证明约束塔尔斯基真理理论，约束外延充分真理理论T语句的范围，即只有规范证明产生的T定理才是T语句，把其他的T形式语句排除在真理理论的外延范围之外。类似于"'雪是白的'是真的，当且仅当雪是白的"这样的T形式语句可以从解释性真理理论按照规范证明程序产生，这样的T形式语句可被认定为T语句；规范证明无法产生类似"'雪是白的'是真的，当且仅当草是绿的"这样的T形式语句，它们自然被排除在T语句的范围之外。规范证明给外延充分的真理理论增加了鉴定T形式语句是否为T语句的标准，从T语句中排除非解释性的"异常T语句"，保证真理理论的T语句都是解释性T语句，增强真理理论的解释能力。

为何规范证明产生的T形式语句一定是T语句？这是因为规范证明的开始步骤必然是解释性公理，根据量化规则和代替规则，客体语言构成部分必然被一对一的元语言部分所代替：代替的要么是元语言单称词项代替客体语言名字，要么是用同客体语句部分双向等值的表达式代替客体语句构成部分；证明的唯一结果是元语言谓词翻译客体表达式语义学谓词，元语言语句使用这个谓词连接翻译客体语言表达式各部分的元语言表达式各部分构建客体语言语句对应的元语言语句；证明的结果就是T形式语句右边的语句翻译T形式左边语句指示的客体语句，这样的T形式语句必然是T语句。规范证明形式化描述

① Ernie Lepore & Kirk Ludwig, *Donald Davidson's Truth-Theoretic Semantics*, Oxford: Clarendon Press, 2007, p. 36.

了客体语句构成部分以及主要谓词被元语言语句翻译的详细过程，其保证了T形式语句右边的语句必然翻译了T形式语句左边客体语句指示的客体语句，从而规避非解释性的T形式语句。规范证明和解释性公理排除了外延充分真理理论非解释性T语句，保证解释性真理理论的解释能力。

路德维希和莱波尔认为规范证明就是使得人们能够使用真理理论解释他人话语而必须知道的内容。“我们询问一个理论家为了使用真理理论解释他人而必须知道的什么的时候，规范证明的重要性开始显现。”[①] 详细说明证明T语句的规范证明程序，我们就能显示如何根据复合表达式部分的意义及其结构理解复合表达式的意义。规范证明把意义理论和真理理论联系起来，二者联系如下：

> 对每一个语言L中的语句s来说，s在语言L中意谓p当且仅当，语言L解释性真理理论的一个规范定理使用句子翻译了右边的语句p。[②]

规范证明提供了一个形式上判断T语句的标准，这个标准就是T语句双向等值式右边的语句翻译了左边指称的客体语句。规范证明保证真理理论产生的定理都是解释性真理理论，增强了真理理论的解释能力，使得我们可使用真理理论解释语句意义。“解释性真理理论，加上一个从定理中识别T语句的程序，提供了我们能够说出每一个客体语言句子意义而需要的全部内容……”[③] 组合性意义理论的目的就是形式化描述我们如何根据有限的语义学初始词项和推理规则解释客体语言中每个语句的意义。知道语言的解释性真理理论和规范证明程序，我们就能根据语句构成部分的意义和其结合模型解释每个客体语

---

① Ernie Lepore & Kirk Ludwig, *Donald Davidson's Truth-Theoretic Semantics*, Oxford: Clarendon Press, 2007, p. 37.

② Ibid., p. 38.

③ Ibid..

言语句的意义。

规范证明程序使得我们能够为每个客体语言语句产生与其对应的T语句，证明过程显示客体语言语句的逻辑结构，T语句给出客体语句真值条件解释客体语句的意义。真理理论并不是意义理论，解释性真理理论本身也不是意义理论，为了解释客体语言我们需要知道有关解释性真理理论的更多内容。需要给解释性真理理论增加的内容就是真理理论与组合性意义理论之间的联系。说明解释性真理理论和组合性意义理论之间的联系，我们需要说明关于真理理论的什么知识使得我们能在语句部分的意义和它们的结合模型的基础上解释每个客体语言语句的意义。要说明这个内容只能从组合性意义理论方面加以说明，而不是说明有关解释性真理理论的内容。解释性真理理论和组合性意义理论的联系就是规范定理的右边解释规范定理左边指示的客体语句。规范证明从形式上显示解释性真理理论和组合性意义理论之间的直接联系，所以要使用解释性真理理论构建组合性意义理论必须形式化定义规范证明程序，并明确说明这就是确定T语句的规范证明。

路德维希和莱波尔认为组合性意义不但需要说明解释性真理理论的内容，还需要说明解释性真理理论的规范证明程序，他们用如下方式给出语言L的组合性意义理论的大概形式：

[1] 每一个如下图表的实例都是真的：

所有的说话者S，时间t，s对S在时间t在语言L中意谓p，当且仅当对所有的说话者S，在时间t，在语言L的解释性真理理论公理的基础上，规范证明可证明对说话者S在时间t，s在语言L为真当且仅当p；

[2] T是语言L的解释性真理理论，它的公理是……

[3] T的公理……的意思是（means that）……

T的公理……的意思是（means that）……

……

[4] ……是真理理论T的规范证明。

［1］详细说明了戴维森的约定 T，精确说明了真理理论在自然语言组合性意义理论中的作用；［2］介绍了解释性真理理论的公理内容；［3］说明了解释性真理理论定理的意思，一个人只有知道了解释性真理理论的意思才能使用真理理论解释客体语言语句。［4］介绍了解释性真理理论的规范证明程序，并说明这就是真理理论的规范证明。［1］—［4］概述了组合性意义理论的大致形式，形式化表明解释性真理理论和规范证明就是组合性意义理论需要的全部内容。

路德维希和莱波尔认可戴维森使用塔尔斯基真理理论构建意义理论的研究路径，他们反对戴维森把彻底解释的经验证实作为外延充分的真理理论的约束条件，反对戴维森扩展组合性意义理论在不预设同义和翻译概念的前提下使用真理理论的实质条件解释全部表达式（不但复合表达式而且初始表达式）的意义，他们放弃戴维森经验证实的真理约束条件，使用经典逻辑构建组合性意义理论。路德维希和莱波尔给塔尔斯基外延充分的真理理论增加解释性真理理论和规范证明，增加鉴别 T 语句的标准，排除非解释性的异常 T 语句，根据解释性公理规范证明显示我们如何根据语句构成部分的意义及其结合模型解释客体语言语句的意义。路德维希用解释性真理理论和规范证明完善外延充分真理理论的解释能力，将戴维森意义理论研究路径深入一步。

第六章　回顾和展望

戴维森在《真理与意义》中提出使用塔尔斯基真理理论为自然语言构建合适的意义理论，他不断丰富和完善其意义理论，特别是在彻底解释方案中用经验证实作为真理理论的约束条件增强真理理论的解释能力，丰富和完善从真理理论解读语言意义的意义理论。戴维森意义理论对分析哲学影响很大，路德维希等人不断丰富和发展戴维森意义理论，诞生了丰富的哲学成果。同时，自从戴维森纲领提出以来，戴维森使用纯粹外延充分的真理理论解释语句意义这种研究路径是否合适引起很大的争议，特别是福斯特和达米特的质疑值得注意，外延问题是戴维森意义理论招致批评的主要问题。本章主要回顾和评述戴维森意义理论的影响以及面临的主要问题，同时展望戴维森意义理论发展的可能方向。

第一节　以真释义是否可行

传统的意义理论工作主要致力于寻求一种指称理论，即在确定表达式组成部分指称内容的基础上，根据表达式的逻辑结构确定表达式的意义。戴维森虽然在说明意义理论组合性时从初始表达式出发结构性构建复杂表达式，这一步和早期维特根斯坦很相似，但是戴维森的工作并没有像维特根斯坦一样致力于为初始表达式指派指称，进而赋予初始表达式意义，在此基础上构建复合表达式的意义，而是寻求一种自然语言真理理论，利用真理理论模型［约定（D）］解释复合表达式的意义，全体真语句解释了自然语言全部语句的意义，从而构建自然语言的意义理论。真理理论提供了意义理论所要求的全部东西，但真理理论并不是意义理论，戴维森从来没有要求真理理论起到意义理论的作用，我们是可以从真理理论的表述中解释语句的意义，解释了全部语句的意义就为语言构建了意义理论。路德维希指出："利用真理论追求组合性意义理论目标的要点是，无需比指称理论所要求的更多的资源，这种工作就使我们能够揭示一个语句的组合结构，同时为这个语句提供一个匹配的理论语言语句，如果我们知道有关真理论的一些适当的事情，我们就知道这个匹配的理论语言语句翻译了对象语言语句。这使得我们能够解释对象语言语句任何可能的口头表达。"① 戴维森意义理论的论述思路不是传统意义理论工作路径的延续，而从新的研究途径出发取代了旧有的研究路径，"他所提倡的不是一种在传统的瓶颈口周围工作的方法，而是对于传统方案的代替"②。

戴维森使用外延充分的真理概念解释自然语言的意义，戴维森纲领的主要创举是使用外延性真理理论解释内涵性意义概念。戴维森认为外延充分的真理理论足以把握真理概念，外延充分的真理理论足以解释意义理论。对戴维森而言，通过仅仅描述一个句子外延充分的真值条件，句子的意义就可以被外延地确定下来。真理概念是否适合以及能够解释意义概念一直是戴维森意义理论面临的一个主要问题，特别是在戴维森纲领提出之初很多学者质疑戴维森使用真理理论解释语言意义的研究路径。这一节主要讨论戴维森意义理论中的外延问题以及达米特对戴维森意义理论的质疑。

一　外延问题

自从戴维森纲领提出以来，戴维森只从外延上谈论句子的真值条件，不论及语句内涵，这样谈论意义理论的方式遭受很多人的质疑，

① ［美］柯克·路德维希主编：《唐纳德·戴维森》，郭世平译，复旦大学出版社 2011 年版，第 48—49 页。

② 同上。

这个问题也是戴维森招致批评最多的一个问题，关于这个问题的讨论也被称为外延问题。例如麦克道威（John McDowell）认为戴维森使用外延充分的真理理论仅仅解释了语句的内容，对意义理论来说这是不足够的，还需要一个说明语力的理论；福多（Jerry Fodor）认为戴维森只把语言外在的真值条件和意义联系起来，只涉及语句外延，没有涉及语句内涵，这无助于解决语句的意义问题。综合来看，关于戴维森外延问题的批评主要集中于以下几个方面。

首先，戴维森希望通过完全外延化的真理理论说明语境敏感的自然语句外在的真值条件，进而解释语句意义。但是如果戴维森将这个原则贯彻到底，即坚持自始至终都用外延化的方式说明内涵式的敏感语境，那么附加给外延化真理理论以达到解释说明语句意义的相关的对真理理论的约束将会不容易得到。因为单纯的外延充分条件构建的真理理论并不保证真理理论是解释性的，需要给真理理论增加相关约束才能达到相关目的。但是如果坚持戴维森的这个外延化原则，真理理论的相关约束将无从谈起，这也是戴维森外延化真理理论推广的一个困境。

其次，为了说明外延充分的理论是解释性的，此时双向条件句中用来替换被替换的语词必须是同义的，这就违反了戴维森所坚持的外延充分理论不必涉及类似同义这样的语义学概念，也牵扯到循环论证的问题。

最后，重要的问题是我们如何为强烈内涵语境建立真理理论，这个困难被戴维森转移到外延性充分的真理理论是否是解释力足够的解释性理论这个问题上，但是戴维森的工作显然不能让人满意。

外延问题是戴维森意义理论面临的主要问题，也是 20 世纪七八十年代戴维森纲领面临质疑较多的地方。外延问题主要指向的是外延充分的真理理论解释力不足的问题，外延问题充分表明外延充分的真理理论不足以解释语言的意义，需要给外延充分的真理理论增加约束条件；同时外延问题也指出使用真理概念解释意义理论的循环论证问题。这些问题都表明纯粹外延充分的真理理论不足以解释语言意义，这也是戴维森意义理论面临的主要问题。彻底解释方案提出以后，戴维森使用不假定同义和翻译概念的外在言语行为作为证据基础定义真理概念，拒绝了使用真理理论解释语言意义时的循环论证问题；同时彻底解释的经验证实作为真理理论的附加约束条件排除非解释性真理理论，保证真理理论的解释能力，丰富和完善意义理论同真理理论之间的联系，完善了使用真理理论解释语言意义的解释方案，解决了早期遗留的问题。外延问题反映了戴维森意义理论早期面临的主要的问题，反映了戴维森纲领的历史发展特殊阶段，随着戴维森使用彻底解释方案补充和完善意义理论，更多的学者开始认可戴维森使用外延性真理概念解释语言意义的研究思路，戴维森意义理论引发更多学者沿着戴维森纲领的研究路径丰富和完善戴维森意义理论。

二　达米特与戴维森

戴维森纲领的主旨是使用真理理论解释意义概念，达米特（Michael Dummett）认为戴维森用真理理论解释语言意义这条路走不通，因为真理与意义这两个概念必须一起被解释，不能用真理概念解释意义概念。达米特从反实在论的立场批评戴维森的意义理论。

达米特认为为任意一种语言建立合适的意义理论，首先应该说明意义理论需要用什么样的形式建立起来，这是系统研究意义理论及其相关概念的一种有效方式。达米特的目的不是为任何实际语言建立合适的意义理论，“这样构造的意义理论并不是针对任何语言的实际工程，但当我们阐明与意义理论相关的一般原则可以执行，那么我们就可以认为已经接近于解决那些困扰哲学家的意义问题”[①]。达米特的工作也是纲领性的，达米特论述了建立一种合适的意义理论所应采取的形式和原则。达米特认为，合适的意义理论“如果可能的话必须与原子论，至少分子论的语言观相一致，而不是整体论的；必须是充实的，不是谦虚的，丰富的不是干涩的。不能直接描述意义；必须不仅详细说明任何人为了知

① Michael Anthony Eardley Dummett, “What Is a Theory of Meaning（Ⅰ）”, Michael Anthony Eardley Dummett, *The Sea of Language*, Oxford: Clarendon Press, 1993, p. 1.

道任何给定表达式必须知道什么，而且什么构成了具有这样的知识”①。

达米特认为意义理论需要说明语言的运作方式，特别是需要在初始表达式的基础上说明语言中所有可表述的概念。同戴维森类似，达米特也希望意义理论能够根据初始表达式组合性说明语言中任何可能的表达式的意义。达米特认为意义理论有两种说明语句意义的方式，一种是意义理论需要说明人们如何使用已知的语词的意义解释说明语词构成的语句的意义；另一种是意义理论需要给不知道相关语词意义的人解释由相关语词构成的语句的意义。“我们把致力于完成有限任务的意义理论称为谦虚的意义理论（a modest theory of meaning），把尝试实际上解释使用语言初始词汇表述的概念的意义理论称为充实的意义理论（a full-blood theory）。”② 谦虚的意义理论是根据语句构成部分的意义解释语句的意义，充实的意义理论则是通过说明语句初始部分的实质意义来说明语句的意义。对比而言，充实的意义理论无须假定解释者已知语句初始部分的意义，而谦虚的意义理论则假定解释者已知语句初始部分的意义。达米特认为戴维森组合性意义是谦虚的意义理论，因为戴维森使用真理理论解释语言的意义，真理理论是意义理论的一部分。只有理解真理理论的人才能够理解意义理论，而塔尔斯基真理理论使用了翻译和同义的概念，这就假定了解释者已知语句构成部分的意义。戴维森式的意义理论只有对于已经把握真理理论的人才是可理解的，所以戴维森的意义理论是谦虚的意义理论。

达米特认为戴维森式的谦虚的意义理论最大的问题是在判断真理理论产生的 T 语句时借助了翻译概念，这是不应该的。使用翻译概念判断 T 语句是否为真，接下来使用 T 语句解释语句的意义，这容易导致循环论证。如果不使用翻译概念，即不假定已知语句的意义则知道 T 语句为真不足以解释语句的意义。因为知道一个句子是真的和知道

① Michael Anthony Eardley Dummett, “What Is a Theory of Meaning（Ⅰ）”, Michael Anthony Eardley Dummett, *The Sea of Language*, Oxford: Clarendon Press, 1993, p. 22.

② Ibid., p. 4.

句子所陈述的内容是什么意义二者是根本不同的。达米特以克里普克（Saul Kripke）的语句“‘马’被称为马。”为例，一个人可能不知道马的意思是什么，但他完全知道语句“‘马’被称为马。”是真的。达米特认为按照戴维森意义理论，“一个知道语句‘地球移动’意谓什么的充分必要条件是这句话意味着地球移动”[①]。戴维森基于T语句说明知道语句为真就知道语句的意义这是不妥当的，合适的意义理论应该是充实的意义理论，即说明语句初始词汇的实质意义以此为基础说明语句的意义。

达米特在《什么是意义理论（Ⅰ）》附录中明确指出：“目前的结论是，把戴维森的意义理论视为任何意义上的谦虚意义理论都是错误的。”[②] 达米特注意到戴维森彻底解释方案中寻找外在证据解释初始表达式的意义这种努力，修正了自己对戴维森意义理论的看法。

达米特认为戴维森的意义理论是谦虚的整体论，正确的意义理论不应该采取这种方式。尽管后来达米特看到戴维森努力给意义理论系统地寻找外在的经验证据，因而其把戴维森意义理论视为不同于一般的谦虚的意义理论和整体主义意义理论，但是对达米特来说，戴维森意义理论中最大的问题是戴维森从真值条件出发解释意义这个思路。这个思路是达米特对戴维森意义理论批评最多的地方。

达米特认为从真值条件的角度解释语句意义存在着原则性困难，在《什么是意义理论（Ⅱ）》开篇，达米特明确提出这个看法：

> 一个句子的意义是否就在于它的真值条件？一个词的意义是否就在于它对确定任何含有它的句子的真值条件所起的作用？
>
> 没有必要不厌其烦地说，对这些问题的肯定的回答，代表了那些不会完全放弃意义概念的哲学家们对说明此概念最流行的看

---

① Michael Anthony Eardley Dummett, “What Is a Theory of Meaning（Ⅰ）”, Michael Anthony Eardley Dummett, *The Sea of Language*, Oxford: Clarendon Press, 1993, p. 10.

② Ibid., p. 25.

法……肯定的回答是否是错的，我完全没有把握。不过有一点我相当肯定，即这样一种回答会面临一些棘手的困难，而且，只有在我们说明了如何可以克服这些困难之后，我们才有权假定这种回答是对的。[①]

达米特认为根据真值条件构建意义理论或者解释理论面临的困难不是细枝末节的，而是原则性的困难，这个困难确切来说就是从真值条件出发解释意义是行不通的，因为达米特认为“真与意义只能作为一个独立理论的一部分被一起解释”[②]。达米特认为命题是语言表达的东西，为了把握命题必须知道语言表达式的意思，所以我们在知道命题真假之前是需要知道命题的意义的，知道命题的意义我们才能判断命题的真假。而事实上，正是“由于把握什么东西会使它是真的，我们才理解它是什么意思”[③]。所以，命题的真预设了语句的意义，我们不可能把握意义却还意识不到命题为真的条件。塔尔斯基的真理定义确定了谓词“是真的”它的涵义，这个定义也是建立在对语言意义的理解之上，只有了解了表达式的意义才能理解这个定义传达的关于谓词“是真的”它的内容。戴维森的思路和塔尔斯基相反，戴维森把真这个概念看做已被理解的，在真概念基础之上用句子的真值条件来解释语句的意义和构成句子的词的意义。达米特认为，戴维森的理论类似于一种所指理论，“他建议的理论实际上会是一种所指理论，从这种理论来看表达式的涵义会是明显的，但是在这种理论中表达式的涵义没有得到阐述”[④]。戴维森的方案中，重要的一点是预设了对真这个概念的理解，这一点对于理解戴维森至关重要。达米特认

---

① Michael Anthony Eardley Dummett, “What Is a Theory of Meaning (Ⅱ)”, Michael Anthony Eardley Dummett, *The Sea of Language*, Oxford: Clarendon Press, 1993, p. 34.

② ［英］迈克尔·达米特：《分析哲学的起源》，王路译，上海译文出版社 2005 年版，第 16 页。

③ 同上。

④ 同上书，第 17 页。

为，戴维森对真这个概念的预先理解并不是基于塔尔斯基的真理定义，否则容易循环论证，对真这个概念的预先理解“它不需要容纳任何对语言句子为真的条件的认识，因为这种认识毕竟是要由真值理论规定的。必须要有的是一种对意义和真之间概念联系的把握。也就是说，人们必须知道，至少含蓄地知道，一个句子的意义是如何由它的真值条件决定的。而且在这里，对句子意义的把握必须体现一种对它在语言交流中如何使用的理解”①。达米特认为戴维森的方案中依然缺少的是关于真理概念与意义概念之间联系的说明，虽然戴维森建立起语句的意义同真理这个概念之间的联系（即通过真值条件说明语句意义），但是戴维森并没有说明这种联系是什么，“只有在明确说明了这种联系是什么之后，对真值理论的描述才能相当于一种对意义概念的充分的哲学说明”。戴维森通过用外在经验证据的方式预先理解了真理概念，然后在此基础上以真值条件为中介把真理理论和意义理论联系起来，达米特认为我们不但需要说明如何用真值条件把真理概念同意义概念联系起来，而且必须说明这种联系是什么，即既要知道其然，更要知道其所以然。意义理论不但要说明我们关于表达式的意义知道什么，还需要说明是如何知道的，而后一部分内容是戴维森方案所缺少的。所以，达米特认为在弗雷格的真值条件说明意义这个路径之下，只要用真理这个概念解释涵义，真理与意义这两个概念必须一起解释，不能通过一个来解释另一个。“戴维森的错误正好反过来，他假定真这个概念是已经理解的，试图解释意义：而对这两个概念任一个的充分解释来说，它们依然必须一起解释。”②

具体来讲，达米特认为在自然语言中，存在着许多无法为其构建真值条件的有意义语句。这种语句被称为潜在地超证实的，即这样的语句我们无法知道（甚至在原则上无法知道）它的真值条件是否成立。具

① ［英］迈克尔·达米特：《分析哲学的起源》，王路译，上海译文出版社 2005 年版，第 19 页。

② 同上书，第 20 页。

体来说，“有三种主要的构造句子的操作方式，有了它们，我们便能够构造不可判定的句子，这三种操作方式是虚拟条件式、过去式（或者更一般地讲，对无法接近的时间—空间领域的指称）；以及对无法通揽的或无限多的整体的量化”①。生活中还存在着一些表面看起来并非如上三种类型，但理解起来很容易被看作反事实条件句的语句，例如“某人擅长学外语”这句话，正常理解这句话就可以被理解为“如果他开始学习外语，就会学习的很快”这么一个反事实条件句。这些语句的真值条件不可知，所以也就无法推出其意义，戴维森的方案在此面对挑战。达米特认为，应该放弃以真概念为核心的意义理论，放弃二值逻辑，建立以证实和证伪概念为核心的意义理论。

达米特站在反实在论的立场质疑戴维森的意义理论，并以上述三种命题真值条件不可知为理由否定从真值条件解释说明意义概念的可能性。戴维森比较同情实在论立场，其并不认同达米特的批评，他认为“如果达米特正确，则可以在不理解语言意义的情况下理解语句”，戴维森认为达米特的立场是错误的。

虽然戴维森从实在论的角度认为达米特的看法是错误的，但是达米特的批评给我们提供了一个看待戴维森意义理论的不同视角。虽然实在论者对上述三种无法断定真值条件的语句给出的解释是无法断定其真值条件的，但是它们总是非真即假的，但是潜在超证实语句的真值条件不可知确实是戴维森方案中无法回避的一个问题。达米特的批评对戴维森产生了一定的影响，这也导致戴维森后来开始转向语用方面的研究，这也是戴维森纲领的发展方向。

第二节　戴维森意义理论的影响

20 世纪 80 年代之后，更多的学者逐步认可戴维森意义理论的研

---

① Michael Anthony Eardley Dummett, “What Is a Theory of Meaning (Ⅱ)”, Michael Anthony Eardley Dummett, *The Sea of Language*, Oxford: Clarendon Press, 1993, p. 60.

究路径，戴维森意义理论逐步得到学界认可并产生巨大的影响力。学界对戴维森意义理论的讨论不再是执着于戴维森使用外延真理概念讨论意义理论的研究方式是否合适，而是更多关注戴维森意义理论是否充分说明了意义概念的问题，深化和发展了戴维森意义理论。本书重点讨论福斯特对戴维森意义理论的分析，顺便简述最近十年间戴维森意义理论发展的新近成果。

一 福斯特的诘难

福斯特在《意义和真理论》中认为戴维森使用塔尔斯基真理理论解释语句这个宏大目标基本是失败的。戴维森的意义理论既不依赖指称，又不预设语句的涵义，戴维森实现其目标的方式是把其意义理论和塔尔斯基的真理理论联系起来，用塔尔斯基的真理理论说明和解释语句的意义。但是塔尔斯基真理理论的目的不同于戴维森的意义理论，塔尔斯基真理理论的目标是说明某种特定语言的真理概念，戴维森的目标是建立解释意义的理论。福斯特认为戴维森使用真理概念解释意义理论的优势很明显：把内涵性“意义”概念用外延性真理谓词加以处理，避免陷入内涵概念的尴尬局面。[①]

戴维森的目标决定了戴维森必然把真作为一个初始的东西，用来解释双向条件句右边的指示性语句和左边的提到语句之间的意义对等关系，然而问题在于，右边和左边的对等关系是通过翻译的方式表现出来的。福斯特认为戴维森夸大了真理谓词的作用，真理谓词仅有的作用只是把具有相同真值的翻译语句与元语句对应起来表述元语句的真值条件，真理谓词只是告诉我们元语句与其翻译语句成对匹配并整体上相互联系。福斯特认为，我们不能期待关于语言的真理特性可以完全构成其意义特性，通过真值谓词外延性解释语句意义并不能真正全面把握语句的意义，需要塔尔斯基真理理论增

---

① J. A. Foster, *Meaning and Truth Theory*, Gareth Evans & John McDowell, *Truth and Meaning-Essays in Semantics*, Oxford: Clarendon Press, 1976, p. 9.

加约束条件。[1]

福斯特并不认同戴维森使用彻底解释方案给真理理论增加的经验约束，他认为："戴维森的做法是把T形式的真理理论作为解释理论，同时经验地解释了翻译概念……这样做的结果就是不得不放弃从T形式解释意义概念这个前提假定。"[2] 戴维森给T理论增加经验的翻译理论，这无助于理解语句。福斯特认为："目前的问题是T理论同T理论本身表述的东西之间没有直接的联系，为了掌握语言，我们需要不但知道这种语言表述的事实，还需要知道这些内容是符合T理论的。戴维森的工作显然只满足前者，并没有满足后者。"[3] 戴维森必须说明解释者和说话者知道的内容，必须说明"解释者和说话者知道的某种T理论内容是……"这种内涵性概念，不得不使用类似"信念"和"意向"等内涵性概念，这些内涵性概念既无法形式化处理，也无法被经验证实，戴维森将不得不陷入内涵性概念的困境，这将导致戴维森意义理论陷入困境。福斯特认为戴维森经验证实的真理理论只是更加复杂了，但却没有做增强真理理论的解释能力。

福斯特认识到纯粹形式化的T理论无法有效解释语句意义，需要改造塔尔斯基T理论以便增强真理理论解释能力。福斯特对戴维森经验改造塔尔斯基真理理论的最大不满在于戴维森的经验证实约束条件并不能保证改造后的真理理论说出了解释者所必须知道的内容是什么。戴维森认为改造塔尔斯基真理理论存在两个问题："一个是对一种可接受的真理论施加的那些限制条件是否适当以便确保该理论满足约定T；另一个问题是能否说出一个具备语言运用能力的解释者所知道的内容。福斯特比较关心第二个问题。"戴维森认为第二个问题不是解释性真理理论必须处理的问题，"福斯特的问题是搞错了使得一个人可以解释他人语句而必须知道的东西。福斯特错误

---

① J. A. Foster, *Meaning and Truth Theory*, Gareth Evans & John McDowell, *Truth and Meaning-Essays in Semantics*, Oxford: Clarendon Press, 1976, pp. 10 – 20.

② Ibid., p. 18.

③ Ibid., p. 20.

地认为使得一个人可以解释他人的每个知识都必须包含在真理论的范围之内……"[①]。福斯特弄错了戴维森的主张，正如戴维森的工作不是要纯粹描述我们可以知道的那些对解释语句来说是充分足够的外延词汇。真理理论可以被纯粹外延语言说明，但是我们知道的足以保证我们使用它来解释的知识并不需要被用纯粹外延语言加以表达。戴维森的目标不是要让真理理论表述为了解释一个人所需知道的每一个事物，而是表述那些足够解释的事情即可。路德维希在《唐纳德·戴维森》中反对福斯特对戴维森的批评，认为福斯特误解了戴维森的本意，其批评是有问题的，"意义理论本身又一次可被看作对于我们关于一种适当的真理论的一种认识的陈述，为了利用真理论来解释另一个说话者，我们必须拥有这种认识。真理论本身并未表达我们必须知道的任何东西，戴维森本人关于这一点是明确的。未能注意到只一点已经导致了对于真理论语义学的许多荒谬批评和误解。特别参看福斯特（Foster，1976）中的交流以及戴维森（1984［1976］）……"[②]

戴维森认为通过经验地解释翻译概念，可以规避使用"同义"概念："上述推理没有利用同义概念吗？的确没有，是通过对真理论施加以下条件而引出的翻译概念。即经验证据的方式就可以非循环的使用隐匿在衍推概念中的同义概念或翻译概念。"[③]

福斯特认为戴维森使用T理论解释语句意义时必须使用"这个解释者知道某种T理论所陈述的内容是……"这样的内涵性概念，这会导致其意义论走向失败。戴维森并没有正面回应这个问题，只是解释这样做的无奈：在解释语言意义时必须利用信念和意向这些概念，因

① Ernie Lepore & Kirk Ludwig, *Donald Davidson-Meaning*, *Truth*, *Language and Reality*, Oxford University Press, Oxford, 2007, p. 145.

② ［美］柯克·路德维希主编：《唐纳德·戴维森》，郭世平译，复旦大学出版社2011年版，第48页。

③ ［美］唐纳德·戴维森：《真理、意义与方法——戴维森哲学文选》，牟博选编，商务印书馆2008年版，第225页。

为这些概念无法被还原成为更加科学的或行为主义的概念。戴维森强调的重点是在说明意义时不利用未加解释的语言学概念，而对于内涵性概念的使用则不会导致计划的破产。

二　真理语义学的新近发展

21 世纪以来，众多学者反对戴维森转向彻底解释，反对戴维森经验证实的真理理论，他们从纯粹经典逻辑出发改进戴维森意义理论，真理语义学获得充足发展，这部分内容简述几种真理语义学的新近发展。

戴维森使用真理理论解释语言的意义，戴维森明确表明真理理论不是意义理论，需要说明真理理论在意义理论中的作用，路德维希和莱波雷最好地说明了真理理论在意义理论中的作用。但是霍尔吉（Miguel Hoeltje）2013 年发表文章“Lepore and Ludwig on ‘explicit meaning theories’”认为，虽然路德维希和莱波雷几乎最好地说明了真理理论在意义理论中的作用，但是“他们还不得不假定描述真理理论的语言的相关知识”[①]，所以他们仍然没有提供足够的信息使得掌握这些知识的人能够理解客体语言。路德维希和莱波雷的解释性真理理论加上规范证明，足以产生 T 语句：“s 是真的当且仅当 p”当且仅当 s 意谓 p。通过解释性真理理论以及使用规范证明说明真理理论同意义理论的联系，路德维希和莱波雷通过真理理论形式化构建意义理论。

路德维希和莱波雷的思路是元理论的思路，他们认为意义理论不是真理理论，而是关于有关真理理论的理论。通过经典逻辑构建解释性真理理论以及规范证明，就会产生一个通过这个 T 语句，把真理理论同意义理论紧密联系起来。如果构建了合适的真理理论，并且说明了真理理论同意义理论的联系（即通过诉诸人类的语言学能力结构具有真理理论的形式标明真理的解释性，也可理解为关于真理理论的知识），则我们就可以从真理理论构建意义理论。

---

① Miguel Hoeltje, “Lepore and Ludwig on ‘explicit meaning theories’”, *Philosophy Study* (2013) 165, pp. 831 - 839.

意义理论就是一个充分的知识，拥有这个知识的人足以知道语言中每个句子的意义，意义理论必须表述这样的知识，如果一个人知道了这些知识他就会知道语言 L。戴维森的组合性意义理论希望在不假定任何解释客体语言必需的知识前提下解释客体语言，所以意义理论自身不能假定这样的知识。现在的问题是如何描述这样的知识，如何描述真理理论语义学？作为意义理论的真理理论语义学理论必须和客体语言一样丰富，真理理论语义学也需要语言来加以描述，不假定知道描述语义学的语言则无法构建意义理论的，这会导致无限循环。戴维森的对策是求助经验证实来回应其前期真理理论太弱不能产生意义理论的问题，路德维希和莱波雷反对转向经验证实，他们把解释解释性真理理论的语言作为元语言加以处理，从元语言层面假定描述客体语言知识，以此策略来绕开这个问题。但问题是介绍真理理论的语言作为进一步需要探讨的对象导致无法保证语言被理解，进一步导致这种转移是不成功的，解释性真理理论是否提供足够信息使得解释者能够理解客体语言仍然是个问题。

戴维森求助于经验证实解决非解释性真理理论的困境，但这种做法遭到路德维希和莱波雷的反对，他们使用规范证明解决非解释性真理理论的问题，后来的学者拉松（Richard Larson）和西格尔（Gabriel Segal）把真理理论同说话者的言语行为能力联系起来解决非解释性真理理论问题。他们认为真理理论之所以能解释意义，是因为真理理论重述了人类具有的语义模块，这样的真理理论自然是解释性的。他们通过限制推理规则（比经典逻辑推理能力更弱）使得推理得到的定理都是解释性的，避免产生类似"'雪是白的'当且仅当草是绿的"这样非解释性 T 语句。① 拉松和西格尔用人类的语义模块解决了真理解释能力不足的问题，但是解释和说明人类语义模块或许是个更加复杂的工程，这样的解释方案有些得不偿失。

① Max Kölbel, "Two Dogmas of Davidsonian Semantics", *The Journal of Philosophy*, Vol. OXCVIII, No. 12, December 2001, pp. 616 -618.

科贝尔（Max Kölbel）认为戴维森意义理论存在两个教条：一是真理概念必须在意义理论中扮演核心作用；二是不能直接给出语句的意义，只能使用双向条件句解释语句的意义。

塔尔斯基真理理论判断一个T语句为真的标准就是翻译了客体语句的元语言语句同客体语句意义相同，这就是一个人需要理解一个句子是另一个句子翻译所需要知道的东西。戴维森意义理论不能使用这个标准来判定T语句的真假，因为这是意义理论需要阐明的东西。戴维森把语句同言语行为联系起来，使用彻底解释的经验证实来确定一个句子是否翻译了另外一个句子，在此过程中戴维森强调真理概念的核心作用。麦克道尔（John McDowell）改造了戴维森真理理论，麦克道尔认为意义理论需要提供充分的信息来正确解释说话者的语言，一个人知道意义理论就可以重述说话者的言语行为。他认为戴维森的T定理只提供了关于语句的命题内容，还需要补充言语行为之外的内容，从而构建他所谓的双向意义理论（“bipartite” theory of meaning）。一个人知道一种语言的意义理论，这个理论使得他能够重述说话者的言语行为，包括说出声音、命题行为以及语言表述或者判定等行为。意义理论是一种经验理论，这个理论允许重述者搞清楚说话者的言语行为以及非言语行为的内容。这样的意义理论不再依赖谓词 is T，真理概念应该是被意义理论默认确定的一个理论性概念。没必要把T概念视为一般性真理概念。[①] 科贝尔认为彻底解释中谓词“is T”是被上下文确定的，没必要假设谓词表达了某些类似的前理论真理概念，或者没必要假设这个前理论把握的真理概念具有解释能力。虽然谓词“is T”同真理概念联系起来并非偶然，但是以此为理由把真理概念视为意义理论的基础性概念也不太合适。真理概念在戴维森意义理论中作用如何？是否应该始终把真理概念视为戴维森意义理论的核心概念，这都是戴维森意义理论的核心问题。

---

① Max Kölbel, “Two Dogmas of Davidsonian Semantics”, *The Journal of Philosophy*, Vol. OXCVIII, No. 12, December 2001, p. 627.

戴维森认为内涵谓词“means that”无法用外延逻辑量化处理，他使用纯粹外延的真理理论双向等值式解释语句意义，而不用“means that”直接给出语句意义。科贝尔认为使用塔尔斯基递归真理理论可以刻画内涵谓词“means that”，无须使用双向等值式间接解释语句意义，可以直接给出语句意义。他认为基于拉松和西格尔构建的真理理论，增加推理规则即可形式化构建 means that 逻辑，产生定理“s means that p”这就可以直接给出语句意义而无须使用双向等值式间接解释语句意义。[①] 雷（Greg Ray）认为在戴维森的体系中，真理理论并没有任何实质性作用，需要在真理理论上增加约束才使得真理理论服务于意义理论，作者认为与其如此还不如用更直接的方式构建意义理论。他从塔尔斯基真理理论出发，通过区分高级元语言和低级元语言，形式化构建位于内涵逻辑和戴维森真理语义学之间的真理语义学，用公理（s 意谓 p 是真的）解释语句意义。具体来说就是用低级元语言刻画语句意义，即形式“s 意谓 p 是真的”这种低级元语言给出语句意义，用高级元语言解释低级元语言的真理理论。用外延逻辑刻画内涵谓词是否可行，真理概念在戴维森意义理论和“means that”意义理论中所起作用有何异同，这都是需要关注和解决的问题。

三　总结

戴维森意义理论广义来说几乎包含了戴维森论证的全部内容，狭义的意义理论主要包括戴维森对意义与真理关系的直接说明，包含着真理与意义以及彻底解释的内容。本书主要从狭义角度理解戴维森意义理论，着力考察戴维森就意义和真理的关系所做的分析和论述，意图在基础性方面理清戴维森就真理和意义的关系来论述基于真值条件的意义理论。

戴维森意义理论主要通过从真理理论的角度解释和说明语句的意

---

① Max Kölbel, “Two Dogmas of Davidsonian Semantics”, *The Journal of Philosophy*, Vol. OXCVIII, No. 12, December 2001, pp. 618 - 623.

义。而从真理这个角度探讨意义理论是分析哲学家惯用的路径和方式。因为分析哲学的基本信念就是对语言的逻辑分析，意义理论作为分析哲学的核心内容，集中体现着分析哲学逻辑分析的思路。逻辑学主要研究永真的重言式，所以从逻辑学出发研究语言，把真放在核心的位置是非常自然的。从逻辑的角度分析语言，真是一个核心的概念，我们在分析语句意义的时候，总是围绕着真来思考，真为探讨意义提供了一个基础或者出发点。而且在人们的日常交流中，真也是一个基础性概念，所以戴维森认为："我们共有了一种语言，也就共有了一幅关于世界的图景，而这幅图景就其大部分特征而言必须是真的。"① "真必然以某种方式与理性动物的态度有关。"② 所以，戴维森在塔尔斯基真理定义的基础上，利用约定（T）解释对象语言语句的意义；并改造约定（T），使之适应自然语言，进而为自然语言建立合适的意义理论。戴维森意义理论早期论述中存在着一些不可避免的问题，后期戴维森从彻底解释的方案重新论述意义理论，克服了早期论证的弊病，完善了意义理论，同时通过外在的经验证据说明解释理论，使得意义理论从语义学层面走向语用学层面，使得意义理论成为可验证的经验理论。

戴维森意义理论的论述思路不是传统意义理论工作路径的延续，而是希望在一般的意义上说明意义概念，没有直接询问语句的意义是什么，而是询问初始表达式或者任何表达式如何获得意义。戴维森没有遵循传统的从指称的角度论述语句意义，而是用表述一种满足组合意义理论的要求的递归的真理理论来说明意义理论。不同于蒯因认为的"过去所谓的意义问题现在可以简述为两个最好不提及意义的问题……"，从而重建不同于日常涵义的意义概念，戴维森的目标不是拒绝日常的意义概念，而是更好地解释和说明日常

---

① Donald Davidson, *Inquiries into Truth & Interpretation*, Oxford: Clarendon Press, 2001, p. 199.

② Ibid., p. 201.

的意义概念。所以，戴维森意义理论是从新的路径表述传统的意义概念。当然，戴维森纲领并不是试图为自然语言中的每个句子提供一个真理定义或有意义的标准，也没有为自然语言的任何语句提供意义解释；他试图说明的是，如果一个理论被看作是对一种语言中的真语句做出了刻画，那么它应当具备什么样的条件。他的贡献在于对自然语言给出一个清楚的、可检验的标准，以保证我们的话语意义是可理解的。

参考文献

一　普通图书

陈波：《悖论研究》，北京大学出版社 2014 年版。

陈波：《蒯因哲学研究——从逻辑和语言的观点看》，生活·读书·新知三联书店 1998 年版。

陈波：《逻辑哲学》，北京大学出版社 2005 年版。

陈道德：《二十世纪意义理论的发展与语言逻辑的兴起》，中国社会科学出版社 2007 年版。

陈嘉映：《语言哲学》，北京大学出版社 2003 年版。

达米特：《分析哲学的起源》，王路译，上海译文出版社 2005 年版。

［美］唐纳德·戴维森：《对真理与解释的探究》，牟博、江怡译，中国人民大学出版社 2007 年版。

［美］唐纳德·戴维森：《真理、意义与方法——戴维森哲学文选》，牟博选编，商务印书馆 2008 年版。

方兴：《翻译问题研究——基于戴维森意义理论的反思》，中国社会科学出版社 2010 年版。

［德］弗雷格：《弗雷格哲学论著选辑》，王路译，商务印书馆 2001 年版。

［德］弗雷格：《算数基础》，王路译，商务印书馆 2010 年版。

韩林合：《维特根斯坦〈哲学研究〉解读》（上册），商务印书馆 2010 年版。

韩林合：《维特根斯坦〈哲学研究〉解读》（下册），商务印书馆2010年版。
洪汉鼎：《当代西方哲学两大思潮》（上册），商务印书馆2011年版。
洪汉鼎：《当代西方哲学两大思潮》（下册），商务印书馆2011年版。
怀特：《分析的时代》，商务印书馆1996年版。
贾可春：《罗素意义理论研究》，商务印书馆2005年版。
江怡主编：《西方哲学史（学术版）：第八卷》，江苏人民出版社2005年版。
卡茨：《意义的形而上学》，苏德超、张离海译，上海世纪出版股份有限公司2010年版。
李真编：《普特南文选》，李真译，社会科学文献出版社2009年版。
［美］柯克·路德维希主编：《唐纳德·戴维森》，郭世平译，复旦大学出版社2011年版。
洛克：《人类理解论》，谭善明、徐文秀译，商务印书馆1997年版。
罗素：《数理哲学导论》，晏成书译，商务印书馆2006年版。
罗素：《意义与真理的探究》，贾可春译，商务印书馆2009年版。
马蒂尼奇主编：《语言哲学》，牟博、杨音莱、韩林合等译，商务印书馆1998年版。
穆勒：《逻辑体系》，郭武军、杨航译，上海交通大学出版社2014年版。
欧阳康：《当代英美哲学家学术自述》，人民出版社2005年版。
涂纪亮：《当代西方著名哲学家评传》（第一卷语言哲学），山东人民出版社1996年版。
涂纪亮、陈波主编：《蒯因著作集》（第二卷），中国人民大学出版社2007年版。
涂纪亮、陈波主编：《蒯因著作集》（第四卷），中国人民大学出版社2007年版。
涂纪亮、陈波主编：《蒯因著作集》（第五卷），中国人民大学出版社2007年版。

涂纪亮、陈波主编:《蒯因著作集》(第六卷),中国人民大学出版社2007年版。

涂纪亮主编:《语言哲学名著选辑》,生活·读书·新知三联书店1998年版。

王静:《戴维森纲领和知识论重建》,科学出版社2013年版。

王路:《逻辑与哲学》,人民出版社2007年版。

王路:《走进分析哲学》,中国人民大学出版社2007年版。

[奥] 路德维希·维特根斯坦:《逻辑哲学论》,贺绍甲译,商务印书馆2002年版。

[奥] 路德维希·维特根斯坦:《哲学研究》,陈嘉映译,上海世纪出版集团2005年版。

叶闯:《理解的条件——戴维森的解释理论》,商务印书馆2006年版。

叶闯:《语言·意义·指称:自主的意义与实在》,北京大学出版社2010年版。

赵敦华:《新编现代西方哲学》,北京大学出版社2001年版。

张妮妮:《意义,解释和真——戴维森语言哲学研究》,中国社会科学出版社2008年版。

周晓亮主编:《西方哲学史(学术版):第四卷》,江苏人民出版社2005年版。

A. C. Grayling, *An Introduction to Philosophical Logical*, Oxford: Blackwell Publishers, 1977.

A. P. Martinich, *The Philosophy of Language*, Oxford: Oxford University Press, 1996.

A. P. Martinich and David Sosa, *Analytic Philosophy*, Oxford: Blackwell Publishers, 2001.

A. P. Martinich and David Sosa, *A Companion to Analytic Philosophy*, Oxford: Blackwell Publishers, 2001.

Avrum Stroll, *Twentieth-Century Analytic Philosophy*, New York: Columbia University Press, 2000.

A. W. Moore, *Meaning and Reference*, Oxford: Oxford University Press, 1993.

Bob Hale and Crispin Wright, *A Companion to the Philosophy of Language*, Oxford: Blackwell Publishers, 1997.

C. Wright & G. McDonald Facts, *Science and Morality*, New York: Blackwell, 1987.

Donald Davidson, *Inquiries into Truth & Interpretation*, Oxford: Clarendon Press, 2001.

Donald Davidson, *Truth and Its Nature* (*If Any*), Kluwer: Kluwer Academic Publishers, 1999.

Donald Davidson, *Truth*, *language*, *and History*, Oxford: Clarendon Press, 2005.

Ernie Lepore & Kirk Ludwig, *Donald Davidson-Meaning*, *Truth*, *Language and Reality*, Oxford: Oxford University Press, 2007.

Ernie Lepore & Kirk Ludwig, *Donald Davidson's Truth-Theoretic Semantics*, Oxford: Clarendon Press, 2007.

Gareth Evans & John McDowell, *Truth and Meaning-Essays in Semantics*, Oxford: Clarendon Press, 1976.

Hans-johann Glock, *Quine and Davidson on Language*, *Thought and Reality*, Cambridge: Cambridge University Press, 2003.

Hilary Putnam, *Reason*, *Truth and History*, Cambridge: Cambridge University Press, 1981.

Kazmi, *Meaning and Reference*, Calgary: University of Calgary Press, 1998.

Michael Dummett, *The Sea of Language*, Oxford: Clarendon Press, 1993.

M. Platts, *Reference*, *Truth and Reality-Essays on the Philosophy of Language*, London: Routledge & Kegan Paul, 1980.

M. Platts, *Ways of Meaning*: *An Introduction to a Philosophy of Language*, London: Routledge & Kegan Paul Ltd, 1980.

W. V. O. Quine, *From a Logical Point of View*, New York: Harper & Row Publishers, 1961.

二 学位论文

陈常燊:《戴维森的合理性理论研究》，中国社会科学院，2010 年。

王栋:《戴维森意义理论之镜中的语言与实在》，吉林大学哲学社会学院，2012 年。

王静:《基于先验论证的戴维森纲领研究》，中山大学，2005 年。

三 专著中析出的文献

[德] 弗雷格:《论涵义与指称》，马蒂尼奇主编:《语言哲学》，牟博、杨音莱、韩林合等译，商务印书馆 1998 年版。

哈克:《语义整体论: 弗雷格与维特根斯坦》，涂纪亮主编:《语言哲学名著选辑》，生活 · 读书 · 新知三联书店 1998 年版。

罗素:《论指谓》，涂纪亮主编:《语言哲学名著选辑》，生活 · 读书 · 新知三联书店 1998 年版。

罗素:《摹状词》，马蒂尼奇主编:《语言哲学》，牟博、杨音莱、韩林合等译，商务印书馆 1998 年版。

牟博:《戴维森》，涂纪亮编:《当代西方著名哲学家评传（第一卷)》，山东人民出版社 1996 年版。

[美] 蒯因:《词语与对象》，涂纪亮、陈波主编:《蒯因著作集》(第四卷)，中国人民大学出版社 2007 年版。

[美] 蒯因:《从逻辑的观点看》，涂纪亮、陈波主编:《蒯因著作集》(第六卷)，中国人民大学出版社 2007 年版。

[美] 蒯因:《经验主义的两个教条》，马蒂尼奇主编:《语言哲学》，牟博、杨音莱、韩林合等译，商务印书馆 1998 年版。

[美] 蒯因:《逻辑哲学》，涂纪亮、陈波主编:《蒯因著作集》（第

三卷)，中国人民大学出版社 2007 年版。

[美] 蒯因:《真之追求》，涂纪亮、陈波主编:《蒯因著作集》（第六卷)，中国人民大学出版社 2007 年版。

[英] 彼得·弗里德里克·斯特劳森:《意义与真理》，马蒂尼奇主编:《语言哲学》，牟博、杨音莱、韩林合等译，商务印书馆 1998 年版。

[英] 彼得·弗里德里克·斯特劳森:《论指称》，马蒂尼奇主编:《语言哲学》，牟博、杨音莱、韩林合等译，商务印书馆 1998 年版。

[美] A. 塔尔斯基:《语义性真理概念和语义学的基础》，马蒂尼奇主编:《语言哲学》，牟博、杨音莱、韩林合等译，商务印书馆 1998 年版。

Hartry Field, The Delationary Conception of Truth, C. Wright & G. McDonald Facts, Science and Morality, New York: Blackwell, 1987.

Michael Dummett, "What Is a Theory of Meaning (Ⅰ)", Michael Dummett, *The Sea of Language*, Oxford: Clarendon Press, 1993.

Michael Dummett, "What Is a Theory of Meaning (Ⅱ)", Michael Anthony Eardley Dummett, *The Sea of Language*, Oxford: Clarendon Press, 1993.

J. A. Foster, "Meaning and Truth Theory", Gareth Evans & John McDowell, *Truth and Meaning-Essays in Semantics*, Oxford: Clarendon Press, 1976.

Quine, "Where Do We Disagree?", Hahn, *The Philosophy of Donald Davison*, Chicago and La Salle: Open Court Company Press, 1999.

John McDowell, "Truth Conditions, Bivalence and Verificationism", Gareth Evans & John McDowell, *Truth and Meaning-Essays in Semantics*, Oxford: Clarendon Press, 1976.

Donald Davidson, "Belief and the Basis of Meaning", Donald Davidson, *Inquiries into Truth & Interpretation*, Oxford: Clarendon Press, 2001.

Donald Davidson, "In Defence of Convention T", Donald Davidson, *In-*

quiries into Truth & Interpretation, Oxford: Clarendon Press, 2001.

Donald Davidson, "Radical Interpretation", Donald Davidson, *Inquiries into Truth & Interpretation*, Oxford: Clarendon Press, 2001.

Donald Davidson, "Reply to Foster", Donald Davidson, *Inquiries into Truth & Interpretation*, Oxford: Clarendon Press, 2001.

Donald Davidson, "Semantics for Natural Languages", Donald Davidson, *Inquiries into Truth & Interpretation*, Oxford: Clarendon Press, 2001.

Donald Davidson, "Theories of Meaning and Learnable Languages", Donald Davidson, *Inquiries into Truth & Interpretation*, Oxford: Clarendon Press, 2001.

Donald Davidson, "True to the Facts", Donald Davidson, *Inquiries into Truth & Interpretation*, Oxford: Clarendon Press, 2001.

Donald Davidson, "Truth and Meaning", Donald Davidson, *Inquiries into Truth & Interpretation*, Oxford: Clarendon Press, 2001.

四 期刊中析出的文献

陈晓平:《戴维森从塔尔斯基那里继承了什么——戴维森与塔尔斯基的“真”理论之比较》,《科学技术哲学研究》2015 年第 2 期。

郭建萍:《逻辑与哲学:戴维森意义理论中的真与意义》,《山西大学学报》(哲学社会科学版)2015 年第 3 期。

郭建萍:《真与意义:语句真的两种解读——显现于戴维森意义理论的“真”》,《自然辩证法研究》2012 年第 9 期。

江怡:《一种无根的实在论——评戴维森的绝对真理理论》,《哲学研究》1995 年第 7 期。

李大强:《作为反馈机制的真理概念——兼论戴维森的真理理论》,《自然辩证法通》2005 年第 5 期。

梁义民:《论戴维森意义理论的基本原则》,《自然辩证法通讯》2010 年第 4 期。

梁义民、谭伟静：《塔尔斯基真理论对戴维森意义理论影响》，《湛江师范学院学报》2009 年第 5 期。

王路：《意义理论》，《哲学研究》2006 年第 7 期。

张燕京：《达米特对于戴维森意义理论的批判》，《湖南科技大学学报》（社会科学版）2007 年第 1 期。

张志林：《意义的分析——实在论与反实在论的争论》，《中山大学学报》（社会科学版）1996 年第 1 期。

Claire Horisk, "The Expressive Role of Truth", *The Philosophical Quarterly*, No. 5, 2007.

David Löwenstein, "Davidsonian Semantics and Anaphoric Deflationis", *Dialectica*, No. 1, 2012.

Gary Kemp, "Reply to Heck on Meaning and Truth-Conditions", *The Philosophical Quarterly*, No. 4, 2002.

Gurpreet S. Rattan, "The Theory of Truth in the Theory of Meaning", *European Journal of Philosophy*, No. 2, 2004.

Jack Ritchie, "Structural Realism and Davidson", *Synthese*, No. 5, 2008.

Jim Edwards, "Response to Hoeltje: Davidson Vindicated?" *Mind*, No. 1, 2007.

John Collins, "Truth or Meaning? A question of Priority", *Philosophy and Phenomenological Research*, No. 12, 2002.

Kirk Ludwig, "Was Davidson's Project a Carnapian Explication of Meaning?" *Journal for the History of Analytical Philosophy*, No. 4, 2015.

Miguel Hoeltje, "Theories Of Meaning And Logical Truth: Edwards Versus Davidson", *Mind*, No. 1, 2007.

Yitzhak Benbaji and Menachem Fisch, "Factuality without Realism", *The Southern Journal of Philosophy*, No. 13, 2005.